AF572889
www.entdecke.de

Entdecke heimische Wildtiere

Wisent, Luchs & Co

Moritz Klose & Roland Gramling

Titelbild: Wisent, Luchse und Wildschweine – einige der eindrucksvollen Wildtiere Mitteleuropas
Rückseite: Sind junge Füchse nicht allerliebst?
Vorsatz: Wildschwein
Seite 1: Der Steinbock ist ein Wahrzeichen der Alpenregion

2., überarbeitete Auflage 2023

ISBN: 978-3-86659-485-2

An der Kleimannbrücke 39/41
48157 Münster
Tel.: 0251-13339-0, Fax: 0251-13339-33
E-Mail: verlag@ms-verlag.de

Home: www.ms-verlag.de
Geschäftsführung: Matthias Schmidt
Layout: Agneta Becker
Lektorat und Bildredaktion: Kriton Kunz
Druck: Drusala, Frýdek-Místek

Titelbild: Geza Farkas/shutterstock | ukaszemanphoto/shutterstock | Michaela Walch/imageBROKER
Rückseite: Oleksandr Lytvynenko/Shutterstock
Schmutztitel: AIC/imageBROKER
Vorsatz: blickwinkel/Fieber/Alamy Stock Photos

shutterstock
S. 2/3: StockPhotoAstur
S. 4/5: Rudmer Zwerver
S. 6/7: P_vaida
S. 9 oben: Eric Isselee
S. 9 oben rechts: FotoRequest
S. 9 mitte rechts: Sonsedska Yuliia
S. 10 oben links: benny337
S. 10 oben mitte: Praew stock
S. 10 mitte: OnD
S. 10 unten links: Anna in Sweden
S. 10 unten rechts: Fotema
S. 11 oben: Kletr
S. 11 unten: Willant.Zoltan
S. 12 oben: Volosina
S. 12 oben mitte: Scisetti Alfio
S. 12 oben rechts: KPixMining
S. 13 oben: Volodymyr Burdiak
S. 14 oben: scigelova
S. 15 oben rechts: Eric Isselee
S. 15 unten: Coatesy
S. 16 oben: Ondrej Prosicky
S. 16 mitte: Shyripa Alexandr
S. 16 unten: winyuu
S. 17 oben: WildMedia
S. 17 mitte: Colin Seddon
S. 17 unten: Creaturart Images
S. 19 unten: Sacharewicz Patryk
S. 20 oben: Eric Isselee
S. 20 unten: Colin Seddon
S. 21 oben: Eric Isselee
S. 21 mitte: belizar
S. 21 unten: Michal Ninger
S. 22 oben: Menno Schaefer
S. 22 unten links: Ondrej Prosicky
S. 23 oben: WildMedia
S. 23 unten: Volodymyr Burdiak
S. 24 oben links: Martin Prochazkacz
S. 24 oben mitte: mejnak
S. 24 mitte: Vaclav Matous
S. 24 unten: WildMedia
S. 25: ATTILA Barsan
S. 26 oben links: Nicram Sabod
S. 26 mitte: Jearu
S. 27 unten: Jearu
S. 28 oben: Eric Isselee
S. 28 mitte: Karel Bartik
S. 28/29: polinart
S. 29 oben: sonnenfoto21
S. 29 unten: Eric Isselee
S. 30 oben: WildMedia
S. 30/31: Zuzana Gabrielova
S. 33 unten: withGod
S. 34 oben: clarst5
S. 34 mitte: allanw
S. 34 unten: Rudmer Zwerver
S. 34/35: DmitryKomarov
S. 35 oben: WildMedia
S. 35 mitte: Tatiana Volgutova
S. 35 unten: Eric Isselee
S. 36 oben: xpixel
S. 36 unten: Pim Leijen
S. 37 mitte rechts: shaftinaction
S. 37 unten: slowmotiongli
S. 37 unten rechts: WildMedia
S. 38 oben: Eric Isselee
S. 38 unten: Kuttelvaserova Stuchelova
S. 39 unten: Roman Bjuty
S. 40 oben: PhotocechCZ
S. 40 unten: Alessandro Oggioni
S. 41 oben: Angelina Cecchetto
S. 42 oben: Eric Isselee
S. 42 links: Jillian Cain Photography
S. 42 unten links: Eric Isselee
S. 42 unten: Alex Stemmers
S. 44 oben: davemhuntphotography
S. 44 links: Jesus Cobaleda
S. 44 unten: WildMedia
S. 46 oben: Eric Isselee
S. 46 mitte: New Africa
S. 50 oben: Bildagentur Zoonar GmbH
S. 51 oben: Eric Isselee
S. 54 oben: Petr Bonek
S. 54: Travel Stock
S. 55 oben: Krasula
S. 55 unten: Eric Isselee
S. 56 oben links: Eric Isselee
S. 56/57: travelpeter
S. 58/59: KatarinaF
S. 58 Kreis mitte: Marek Rybar
S. 58 Kreis rechts: Ene Marin Cristian
S. 58 unten: Eric Isselee
S. 59 oben: Simone Hogan
S. 59 Kreis links: Stewart Myers
S. 59 Kreis mitte: Victoria Tucholka
S. 59 Kreis rechts: John_P_Anderson
S. 59 unten: Sonsedska Yuliia
S. 60/61: Karin Jaehne
S. 60 Kreis links: Margit Kluthke
S. 60 Kreis mitte: Photomann7
S. 60 Kreis unten: Bildagentur Zoonar GmbH
S. 62: Vaclav Matous
S. 63: Eric Isselee
S. 64: Eric Isselee

mauritius images
S. 8: Wittek
S. 9 unten: imageBROKER/Justus de Cuveland
S. 14/15: nature picture library/Klaus Echle
S. 15 unten: Pitopia/Uli Frey
S. 18 oben: Raimund Linke
S. 18 unten: David & Micha Sheldon
S. 19 oben: EastEnd72
S. 20 mitte: Raimund Linke
S. 22 unten: nature picture library/MYN/Paul van Hoof
S. 27 oben: Clear the Ocean/Alex Mustard
S. 27 unten: Raimund Linke
S. 30 unten: imageBROKER/Christian Hütter
S. 31 oben: imageBROKER/Christian Hütter
S. 31 mitte: Alamy Stock Photos/Ivan Vdovin
S. 32 oben: Raimund Linke
S. 32 mitte: nature picture library/Edwin Giesbers
S. 32 unten: Peter Weimann
S. 33 oben: Mariusz Niedzwiedzki
S. 36 mitte: Busse & Yankushev
S. 37 oben: imageBROKER/Alexander von Düren
S. 39 oben: Alamy Stock Photos/blickwinkel/Hecker
S. 41 unten: imageBROKER/Robert Haasmann
S. 42 oben: Busse & Yankushev
S. 43: Alamy Stock Photos/tbkmedia.de
S. 44 oben rechts: imageBROKER/Erich Schmidt
S. 45: Tierfotoagentur/m.blue-shadow
S. 48 oben: David & Micha Sheldon
S. 48 unten: imageBROKER/Frank Sommariva
S. 49 oben: imageBROKER/Christina Krutz
S. 49 unten: imageBROKER/David & Micha Sheldon
S. 50 unten: J. Borris
S. 52/53: Andreas Vitting
S. 56 oben: imageBROKER/Erich Schmidt
S. 57 oben: Busse & Yankushev
S. 57 rechts: Roland T. Frank
S. 58 Kreis links: Pitopia/Martina Berg
S. 60 Kreis oben: Alamy Stock Photos/FC_Italy

image broker:
S. 12/13: Michaela Walch
S. 19 oben: Hans Blossey
S. 40 links: Reinhard Hölzl
S. 46/47:Frederik
S. 51 unten: RONALD WITTEK

iStock images:
S. 56 mitte: Maria Itina

Inhaltsverzeichnis

Willkommen in der Welt der großen heimischen Säugetiere!

Beeindruckende Wildtiere, die durch Ebenen und Wälder streifen – dieses Bild verbinden viele vor allem mit Afrika, mit Elefant, Giraffe, Büffel und Löwe. Doch auch in Deutschland und seinen Nachbarländern sind große Säugetiere zu Hause. Sie haben unterschiedlichste Lebensräume erobert und sich perfekt angepasst. Steinböcke klettern über die Berge der Alpen, Kegelrobben jagen an unseren Küsten durch die Brandung, in den Wäldern sind Rothirsche mit ihren majestätischen Geweihen und auch die sagenumwobenen Wölfe zu finden. Wiesen und Felder bieten Rehen und Wildschweinen Lebensraum. Sogar in Dörfern und Städten sind Wildtiere keine Seltenheit: Füchse und Waschbären haben sich längst in unserer direkten Nachbarschaft niedergelassen.

Beeindruckende Säugetiere bewohnen Deutschland und seine Nachbarländer

Einige Arten haben wir Menschen leider bereits ausgerottet. Der Tarpan beispielsweise, ein Wildpferd, lebte in den Wäldern Mitteleuropas sowie in den Steppen Osteuropas und Russlands. Siedlungen und Landwirtschaft drängten die wilden Pferde nach und nach zurück. Außerdem wurden sie viele Jahrhunderte lang gejagt.

Züchter haben versucht, eine Pferderasse zu schaffen, die dem ausgerotteten Tarpan stark ähnelt

Der letzte frei lebende Tarpan soll in den 1870er-Jahren getötet worden sein. Damit war dieses Wildpferd ausgerottet. Der Tarpan wird von einigen Wissenschaftlern als das wilde „Urpferd" angesehen, von dem unsere heutigen Hauspferde abstammen, andere halten ihn für einen Mischling aus Wildpferd und Hauspferd.

Was ist ein Säugetier?

Wir kennen derzeit rund 6 600 verschiedene Säugetier-Arten – von der winzigen Spitzmaus bis zum gigantischen Blauwal. Der Name leitet sich davon ab, dass die Jungen von der Mutter mit Milch gesäugt werden. Abgesehen von wenigen Ausnahmen kommen sie lebend zur Welt. Außerdem haben Säugetiere ein Knochenskelett und in aller Regel ein Fell.

Sehr heimlich lebt die Wildkatze

Während viele weitere Arten bedroht sind, weil der Mensch ihre Lebensräume zerstört, gibt es andere, die nur *wegen* des Menschen in Deutschland zu finden sind. Sie wurden hierzulande ausgesetzt oder konnten aus Gehegen entkommen: So waren Waschbären ursprünglich nur in Nordamerika heimisch, Mufflons in den Bergen Südeuropas und Damhirsche in Asien.

Andere große Wildtiere wie Reh oder Wildschwein können sich dank des Menschen über einen reich gedeckten Tisch freuen: Die Felder und Äcker sind ein wahres Schlaraffenland. Dementsprechend vermehren sie sich immer mehr. Füchse hingegen fühlen sich nicht nur in Wald und Wiese, sondern auch in unseren Städten sehr wohl.

Deutschland, Österreich und die Schweiz sind also auch durch uns Menschen wieder ein Stück „wilder" geworden. Von den Berggipfeln der Alpen bis an die Strände der Ostsee, ob im dichtesten Wald oder in Hochhausschluchten: Es gibt viel zu entdecken!

Der Waschbär war ursprünglich bei uns nicht heimisch

Ausgestorben: der Auerochse

Der Auerochse oder Ur war ursprünglich in Europa und Asien weit verbreitet. Die mächtigen Wildrinder durchstreiften in kleinen Herden die Wälder. Sie zählten zu den größten Säugetieren, die je in Europa gelebt haben. Ihre nach vorne geschwungenen Hörner konnten bis zu 80 Zentimeter lang werden. Zum Aussterben des Auerochsen trugen neben der Jagd vor allem die Rodung der Urwälder und die immer intensivere Landwirtschaft bei. Der letzte Auerochse in Deutschland wurde um 1470 in Bayern geschossen, im Jahr 1627 starb der letzte Auerochse überhaupt. Hier siehst Du ein Heckrind, eine Rinderrasse, bei der versucht wurde, durch Züchtung das Aussehen des Auerochsen wieder zu erreichen.

Biber

Biber sind Baumeister mit Turbo-Biss: Nicht mal 30 Minuten braucht ein Biber, um sich mit seinen kräftigen Zähnen durch einen zehn Zentimeter dicken Baum zu nagen! Von solchen Stämmen und Ästen benötigen die Tiere jede Menge, denn aus Holz errichten sie nicht nur ihre berühmten Staudämme, sondern auch große „Biberburgen", in denen die ganze Familie wohnt.

Bis zu 30 Kilogramm bringt ein Biber auf die Waage

Eine Biberfamilie besteht aus den Eltern und zwei Generationen von Jungtieren. Das Biberpaar bleibt sein ganzes Leben lang zusammen. Das kommt in der Tierwelt nicht so häufig vor. Lebenslange Ehen schließen unter anderem auch noch Rotfüchse, Schwäne, Schwertwale und Wölfe. Beide Elterntiere besetzen gemeinsam ein Revier und verteidigen es auch gegen Eindringlinge. Bei den eigenen Jungtieren sind die Eltern etwas nachsichtiger: Bietet die Umgebung genügend Platz und Nahrung, dürfen die Nachkommen – in gebührendem Abstand zur elterlichen Biberburg – einen eigenen Bau anlegen. Auf diese Weise können in geeigneten Lebensräumen große Kolonien entstehen.

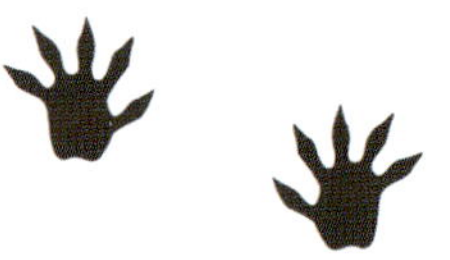

Lange sah es allerdings nicht so aus, als ob sich die Biber in Deutschland noch einmal durchbeißen würden. Nachdem man ihnen über Jahrhunderte nachgestellt hatte, waren die Tiere um 1900 quasi an allen deutschen Flüssen ausgerottet. Nur an der Elbe hatten einige wenige Familien überlebt. Von hier aus trat der „Elbebiber" – eine Unterart, die nur in Deutschland vorkam – später sein „Comeback" an, mit etwas menschlicher Hilfe. Naturschützer siedelten seit den 1970er-Jahren einige Biber-Familien erfolgreich an andere deutsche Flüsse und sogar in die Niederlande und nach Dänemark um. Inzwischen ist der Gesamtbestand an Bibern allein in Deutschland wieder auf über 40 000 Exemplare gewachsen.

Bis zu 23 000 Haare haben Biologen pro Quadratzentimeter Biberhaut gezählt. Der Mensch kommt auf dem Kopf auf nur rund 200 Haare pro Qua-

Biber ernähren sich rein pflanzlich

Mit seinen harten Schneidezähnen fällt der Biber Bäume, um sie zerteilt als Bauholz für seine Burg oder als Nahrungsvorrat zu verwenden

Verlust des Lebensraums

Jagd ist heute nicht mehr das große Problem für den Biber. Viel härter trifft die Tiere der Verlust ihres Lebensraums: Auwälder und Feuchtgebiete verschwinden, Flüsse wurden begradigt. Biber brauchen aber fließende oder stehende Gewässer und lieben wilde und natürliche Ufer.

Biber errichten Dämme, um den Eingang des Baus unter Wasser zu halten

dratzentimeter. Deshalb erfreute sich der Biberpelz besonders als Hut großer Beliebtheit, denn das dichte Fell schützte den Träger vor Kälte und Nässe. Die Hutmacher erkoren den Nager sogar zu ihrem Wappentier. Viele Jahrhunderte lang war darum das dichte Fell der Tiere sehr begehrt. Der Biber galt als „König der Pelztiere“, und sein Fell wurde in Nordamerika sogar einige Zeit als Zahlungsmittel benutzt.

Mit seiner Fähigkeit, Dämme zu bauen, macht er sich nicht nur Freunde. Ärger gibt es immer wieder mit Bauern, wenn deren Äcker und Wiesen unter Wasser gesetzt werden. Zudem sind die Tiere bei ihrer Mahlzeit nicht wählerisch: Anderthalb Kilogramm Grünzeug verputzt ein Biber am Tag. Seerosen, Brennnesseln und andere Ufergewächse sowie Sträucher und Zweige stehen auf seinem Speiseplan. Er verschmäht aber auch Rüben und Getreide nicht. Konflikte mit Landwirten oder Gartenbesitzern sind also auch hier vorprogrammiert.

Biber werden bei ihrer rein vegetarischen Kost bis zu 30 Kilogramm schwer und 1,25 Meter lang. Damit sind sie die größten Nagetiere in ganz Europa. Sie können aber nicht nur nagen, sondern auch ganz ausgezeichnet schwimmen und tauchen. Dabei helfen ihnen ihre Füße mit Schwimmhäuten zwischen den Zehen und ihr platter Schwanz, der wie ein Paddel funktioniert und mit dem sie hervorragend lenken können.

Der platte Schwanz des Bibers wird auch Kelle genannt

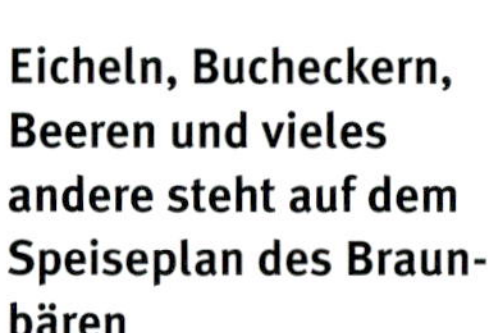

Eicheln, Bucheckern, Beeren und vieles andere steht auf dem Speiseplan des Braunbären

Braunbär

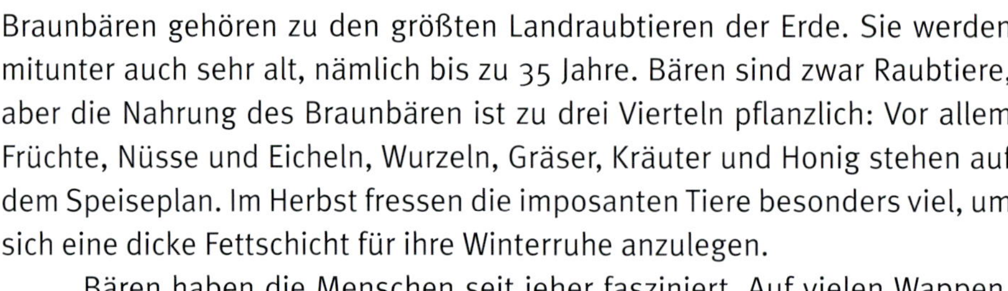

Braunbären gehören zu den größten Landraubtieren der Erde. Sie werden mitunter auch sehr alt, nämlich bis zu 35 Jahre. Bären sind zwar Raubtiere, aber die Nahrung des Braunbären ist zu drei Vierteln pflanzlich: Vor allem Früchte, Nüsse und Eicheln, Wurzeln, Gräser, Kräuter und Honig stehen auf dem Speiseplan. Im Herbst fressen die imposanten Tiere besonders viel, um sich eine dicke Fettschicht für ihre Winterruhe anzulegen.

Bären haben die Menschen seit jeher fasziniert. Auf vielen Wappen, Fahnen und Siegeln aus Mittelalter und Neuzeit sind sie abgebildet. Sie gelten als stark und majestätisch. Auch in Märchen, Sagen und Legenden kommen sie vor. Mal sind sie dort böse und gefährlich, mal weise und freundlich. Oft treten sie auch als die geheimnisvollen Herrscher des Waldes auf.

Doch obwohl der Mensch von ihnen so fasziniert ist, hat er die Tiere erbarmungslos gejagt und ihren Lebensraum zerstört. Früher besiedelten Braunbären beinahe ganz Europa. Inzwischen sind sie aus vielen Regionen verschwunden. In Deutschland gibt es sie schon seit 1835 nicht mehr. Heute werden die Tiere vielerorts geschützt, und in Österreich leben wieder einige Braunbären, ebenso in Norditalien. Die meisten Braunbären in Europa leben in den großen Waldgebieten der Karpaten in Rumänien und in Skandinavien.

In Westeuropa ist der Braunbär sehr selten geworden

Die kleinen Braunbären werden im Januar geboren. Im Frühjahr verlassen sie gemeinsam mit ihrer Mutter zum ersten Mal die sogenannte „Wurf-Höhle“, in der sie zur Welt gekommen sind. Von ihrer Mutter lernen die Jungen, wie sie Nahrung finden und sich vor Gefahren schützen können.

Die Braunbär-Mutter kümmert sich ein bis zwei Jahre um ihre Jungen

Sobald die Jungtiere ein bis zwei Jahre alt geworden sind, werden sie von der Mutter verstoßen und müssen sich ein neues Zuhause suchen. Aus diesem Grund wandern vor allem männliche Braunbären sehr weit, auf der Suche nach Weibchen und einem eigenen Re-

Junge Braunbären sind sehr verspielt

vier. Selbst Straßen, Berge und Flüsse sind für sie kein Hindernis.

Im Jahr 2006 wanderte auf diese Weise aus Österreich ein Braunbär nach Bayern ein. Es war der Erste in Deutschland seit mehr als 170 Jahren. Wissenschaftler nannten ihn JJ1. Bekannter ist er allerdings unter dem Namen „Bruno“. So tauften ihn einige Zeitungen. Der junge Bär zeigte jedoch wenig Scheu vor Menschen. Er riss Haustiere mitten in Siedlungen und Dörfern und wurde damit zu einer möglichen Gefahr. Nach vergeblichen Fangversuchen ordneten die Behörden deshalb an, das Tier abzuschießen. Der tote Bär wurde präpariert und ist heute im Museum „Mensch und Natur“ in München ausgestellt.

Die bayerische Regierung hat inzwischen einen Plan vorgelegt. Darin ist geregelt, dass Bauern Geld bekommen, wenn ein Bär ihr Vieh tötet. Außerdem werden Schutzmaßnahmen genannt, die Schafhalter und Imker gegen Schäden durch Bären treffen können. Es ist also gut möglich, dass der nächste Bär, der bei uns in Deutschland vorbeischaut, länger bleiben kann als Bruno.

Da der Dachs vorwiegend nachtaktiv ist, haben viele Menschen noch nie einen gesehen

Auffälligstes Merkmal ist die schwarz-weiße Streifung des Gesichts

Schwarz-weiße Pinselborsten

Dachshaare wurden früher für Rasierpinsel genutzt. Schau doch mal bei Opa in den Badschrank. Wenn Du einen Rasierpinsel mit schwarz-weißen Haaren findest, sind die vielleicht vom Dachs. Und auch das Fett, das Dachsschmalz, war früher in jeder Apotheke zu finden. Es sollte zum Beispiel gegen Rheuma helfen. Heute werden Dachse nach wie vor bejagt, um zum Beispiel Schinken aus ihrem Fleisch zu machen oder das Fell zu nutzen.

Dachs

Dachse sind mit ihren typischen schwarz-weiß gestreiften Gesichtern unverwechselbar. Sie leben in großen, unterirdischen Labyrinthen, den Dachsbauen. Bis zu 30 Meter lang kann ein solches Höhlensystem sein. Darin gibt es mehrere große und kleine Räume, sogenannte „Kessel", außerdem einige Aus- und Eingänge und verschiedene Belüftungsröhren. Und das alles auf mehreren Stockwerken!

Dachse mögen es sauber. Ein- bis zweimal im Jahr ist daher großer Hausputz angesagt. Dann werden Blätter, Stroh und Gras gegen neues Polstermaterial ausgetauscht. Ihr Geschäft verrichtet Familie Dachs nicht einfach im Bau – sie benutzt eine Außentoilette! Dafür gibt es meist eine eigene Stelle, ein paar Meter vom Dachsbau entfernt.

Ein Dachsbau wird über mehrere Generationen genutzt und kann deshalb viele Jahre alt sein. Die Tiere sind recht gesellig und dulden Nachbarn! Neben den bis zu zwölf Familienmitgliedern leben sehr häufig auch Füchse, die im Dachsbau eine Herberge finden.

Ihr Gemeinschaftssinn ist Dachsen vor vielen Jahren zum Verhängnis geworden. Denn einst gab es unter Füchsen eine gefährliche Krankheit – die Tollwut. Um die Ausbreitung der Tollwut, die auch für Menschen gefährlich sein kann, zu verhindern, ließ man etliche Fuchs- und Dachsbaue mit giftigem Gas ausräuchern. Dabei starben auch viele Dachse, und ihre Zahl nahm stark ab. Heute geht es ihnen aber zunehmend besser.

Die absolute Leibspeise der Dachse sind Regenwürmer. Aber auch Insekten, Schnecken, tote Tiere, Beeren, Wurzeln und Eicheln stehen auf dem Speiseplan. Meistens geht der Dachs – in der Fabel Meister Grimbart genannt – nachts auf Nahrungssuche. Die Welpen werden im Februar oder März geboren und sind anfangs blind, taub und nackt. Erst Mitte bis Ende April verlassen sie zum ersten Mal den Bau, um ihre Umwelt zu erkunden. Ein Dachs kann bis zu 20 Kilogramm schwer und 15 Jahre alt werden.

Oft leben auch Füchse mit im Dachsbau

Bei der Bekämpfung der Tollwut wurden viele Füchse und Dachse getötet

Männliche Damhirsche können ein mächtiges Geweih tragen

Damhirsch

Kastanien sind ein Leckerbissen für Damhirsche

Damhirsche gehören zu den weltweit häufigsten Hirscharten. Bei uns wurden die Tiere immer wieder gezielt ausgesetzt, um sie für das Fleisch, das Fell und das Geweih bejagen zu können. Denn eigentlich gab es nach der letzten Eiszeit vor vielen tausend Jahren kein Damwild mehr in Europa. Durch die großen Eismassen wurde es bis nach Asien zurückgedrängt. Die Römer brachten dann vor 2 000 Jahren Damhirsche als Opfertiere nach Mitteleuropa. Und im Mittelalter war ein Gehege mit Damhirschen im Burggarten etwas ganz Besonderes. Nur der Adel durfte Damwild besitzen, das in großen, umzäunten Bereichen gehalten wurde, die Gatter genannt werden. In Deutschland kommen Damhirsche heutzutage vor allem im Norden vor. Damwild ist bekannt für seine abwechslungsreiche Färbung. Mal siehst Du dunkle, fast schwarze Tiere, aber es kommen auch weiße Exemplare vor. Alle erdenklichen Farbstufen dazwischen gibt es auch.

Weibliches Damwild, auch Damkühe genannt, bildet kein Geweih

Gewöhnlich im Juni kommen die Kälber zur Welt

So ein Damhirsch kann einiges auf die Waage bringen: Bis zu 120 Kilogramm wiegen stattliche Hirsche. Das Weibchen, auch Damkuh genannt, ist kleiner und erreicht nur bis zu 50 Kilogramm.

Damwild lebt am liebsten in Wäldern mit Lichtungen und ernährt sich von Gräsern, Sträuchern, Blättern, aber auch Eicheln, Bucheckern und Kastanien. Die Tiere sind sehr gesellig und leben in Rudeln. Es gibt Junggesellenrudel mit jungen Hirschen und Kahlwildrudel mit Weibchen, außerdem gemischte Rudel zur Paarungszeit. Alte Hirsche sind meist Einzelgänger.

Die Paarungszeit bei Hirschen wird Brunft genannt. Dazu sucht der Damhirsch sich im Herbst eine Kuhle, also eine Vertiefung im Boden, aus der er sich mehrere Tage nicht mehr fortbewegt. Hier macht er mit Rufen, Kot und Urin auf sich aufmerksam. Die Weibchen sind ganz begeistert von den Gerüchen und statten ihm einen Besuch ab, um sich dann zu paaren. Acht bis neun Monate später kommen die Kälber auf die Welt, die von der Mutter allein großgezogen werden.

Meist sind Damhirsche in Rudeln unterwegs

Heilge Hirsche

Die mittelgroßen, eleganten Damhirsche galten vor vielen hundert Jahren als heilig. Deshalb wurde schon im antiken Griechenland vor 2 000 Jahren Damwild in Gehegen gehalten. Auch heute noch leben die meisten Damhirsche in Gehegen.

Elche sind Einzelgänger

Elch

Hast Du gewusst, dass es in Deutschland Elche gibt? Die großen Hirsche, die man in Europa vor allem aus Schweden und Norwegen kennt, finden auch immer wieder den Weg zu uns. Meist sind es einzelne Tiere, die aus Polen oder Tschechien zu uns einwandern.

Im Mittelalter waren Elche weit verbreitet, doch die Menschen rodeten immer mehr Wälder, um Felder für Getreide und Gemüse anzulegen und mit dem geschlagenen Holz Häuser zu bauen. Dadurch wurde vielen waldbewohnenden Tieren der Lebensraum genommen, darunter auch der Elch. Außerdem wurde er stark bejagt.

Die einzelgängerischen Elche lieben Sümpfe und Seen, sind ausgezeichnete Schwimmer und können sogar tauchen. Sie ernähren sich von Wasserpflanzen, aber auch von Kräutern, Blättern, Zweigen, Moosen und Knospen. Mit 350 bis 500 Kilogramm hat der Elch ein stattliches Gewicht und einen dementsprechend großen Appetit. Je nach Jahreszeit frisst so ein riesiger Hirsch täglich zehn bis 40 Kilogramm Pflanzen.

Kälber bleiben mindestens ein Jahr bei ihren Müttern

Elch-Test

All neu konstruierten Autotypen müssen den sogenannten Elch-Test bestehen. Dabei muss ein Auto ganz schnell vor einem Hindernis ausweichen und darf dabei nicht umkippen. Über 200 000 Wildtiere sterben jedes Jahr im Straßenverkehr, weil das Auto nicht mehr schnell genug bremsen oder ausweichen konnte.

Grünbrücken erleichtern es Elchen und anderen Wildtieren, Straßen zu überqueren

Elche leben nicht nur in Europa, sondern auch in Nordamerika und Asien – allerdings nur dort, wo es im Sommer nicht wärmer als 27 Grad Celsius wird. Sie sind eben richtige Nordlichter, die es lieber kalt mögen.

Elche haben das größte Geweih aller Hirscharten: Es kann bis zu zwei Meter Breite und 20 Kilogramm Gewicht erreichen! Wie bei allen anderen Hirschen auch, wird das Geweih jedes Jahr neu gebildet und nach der Paarungszeit im Herbst wieder abgeworfen. Die Männchen nutzen das Geweih bei Kämpfen gegen Rivalen und um Weibchen zu beeindrucken.

Lange Wanderungen unternehmen Elche im Frühjahr auf der Suche nach Nahrung und im Herbst zur Paarung. Um Unfälle auf den Straßen zu verringern, werden immer öfter Grünbrücken gebaut. Das sind breite Brücken, die mit Gräsern, Sträuchern und manchmal sogar Bäumen bepflanzt sind und über Autobahnen oder Bundesstraßen führen.

Diesem Elch wurde ein Halsband mit Sender umgelegt. So können Wissenschaftler seine Wanderungen verfolgen.

Beim Europäischen Elch erreicht das Schaufelgeweih maximal 1,35 Meter Spannweite, bei anderen Unterarten können es über zwei Meter sein

Sein dichtes Fell schützt den Fischotter vor Nässe und Kälte

Winzlinge

Neugeborene Fischotter-Jungtiere wiegen gerade einmal 100 Gramm, also so viel wie eine normale Tafel Schokolade.

Das Revier wird gegen Eindringlinge verteidigt

Manchmal werden verwaiste Jungtiere gefunden und mit der Flasche aufgezogen

Fischotter

Der Fischotter zählt zu den Mardern. Er gilt als verspielt und neugierig – und sieht zudem ziemlich süß aus. Kein anderes Landsäugetier hat sich so perfekt auf den Lebensraum Wasser spezialisiert wie der Fischotter: Diese Tiere sind hervorragende Schwimmer und Taucher und können bis zu acht Minuten unter Wasser bleiben. Natürliche Fluss- und Seeufer mit vielen Pflanzen und Baumwurzeln bieten ihnen gute Verstecke, um Beute zu überraschen. Mit viel Glück kannst Du diese intelligenten Marder beim Sonnenbaden und Rasten auf einer Sandbank oder kleinen Inseln entdecken.

Wie der Name schon vermuten lässt, ist die bevorzugte Beute Fisch aller Art. Otter fressen aber auch Frösche, Vögel, kleine Säugetiere oder Insekten, Muscheln und Schnecken. Bei der Jagd nutzen sie vor allem ihre guten Augen. Ist das Wasser jedoch zu trüb und schlammig, finden sie ihre Nahrung auch mithilfe der Tasthaare am Kopf, vor allem rund um die Schnauze. Mit ihnen nehmen sie die Wellen wahr, die von der fliehenden Beute verursacht werden.

Reine „Frauensache“ ist die Aufzucht der Jungen – die Väter werden nach der Geburt vom Weibchen verjagt. Die Augen der neugeborenen Jungen sind die ersten Wochen noch geschlossen. Erst nach einem Monat fangen sie an zu sehen. Nach zehn Wochen verlassen sie zum ersten Mal die Höhle, mit drei Monaten unternehmen sie die ersten Schwimmversuche.

Fischotter zählen zu den Mardern

Allerdings gehen nicht alle kleinen Otter freiwillig ins Wasser. Manche müssen von der Mutter regelrecht ins kühle Nass hineingezerrt werden.

Leider hatte der Otter lange Zeit einen schlechten Ruf. Er galt als „Lamm-Mörder“, der junge Schafe frisst. Es wurde sogar behauptet, die Tiere könnten Jagdhunde unter Wasser ziehen und ertränken. Außerdem sah man im Otter einen ungeliebten Konkurrenten beim Fischfang und verfolgte ihn unerbittlich. Auch wegen seines dichten, wärmenden Fells wurde er schon vor Jahrhunderten gejagt. Als der Mensch dann auch noch anfing, Flüsse für eine bessere Schifffahrt zu begradigen und die Ufer zu betonieren, verloren viele Fischotter ihren Lebensraum.

Infolgedessen gehört der Fischotter heute zu den bedrohten Säugetieren in Mitteleuropa. Durch Schutzmaßnahmen und Wiederansiedlungsprojekte nehmen die Otter-Bestände in Deutschland langsam, aber stetig wieder zu. Selbst in Berlin und Hamburg gibt es Sichtungen im Stadtgebiet.

In Deutschland und Westeuropa ist mittlerweile eine der Hauptbedrohungen für die Fischotter der Autoverkehr. Immer wieder kommen Tiere beim Überqueren von Straßen unter die Räder und sterben. Ein weiteres Problem sind Fischernetze: Die Tiere verheddern sich darin, können nicht mehr auftauchen, um nach Luft zu schnappen, und ertrinken.

Der Fischotter ist perfekt an das Leben im Wasser angepasst

Erfreulicherweise nimmt in Deutschland die Zahl der Fischotter allmählich wieder zu

Auch Vögel zählen zur Nahrung des Fuchses

Fuchs

Verschiedene Fuchs-Arten leben auf der gesamten Nordhalbkugel der Welt. Es gibt weiße Polarfüchse, helle Steppenfüchse und kleine Wüstenfüchse. Hier in Europa ist der Rotfuchs zu Hause, bekannt für sein rotbraunes Fell. Aber auch schwarz gestrichelt oder mit einem dunklen Strich auf dem Rücken kommt er daher. Wie viele Säugetiere wechselt der Fuchs zweimal im Jahr die Beschaffenheit seines Fells: Das Winterfell ist dicker und meist heller. So ist er besser an die Kälte angepasst und gut im Schnee getarnt.

Füchse sind sehr beweglich!

Füchse fressen liebend gerne Mäuse, aber auch andere kleine Säugetiere wie Hasen und auch junge Vögel, Rehkitze, Insekten oder Obst. Mit viel Glück kannst Du einen Fuchs beim Jagen beobachten: Bei seinem typischen Mäusesprung hebt er mit allen vier Beinen ab und lässt sich mit angezogenen Vorderpfoten auf die Beute plumpsen.

Füchse leben in Bauen, manchmal zusammen mit anderen Tieren – zum Beispiel dem Dachs, wie Du schon weißt. Das Männchen beteiligt sich an der Aufzucht der Jungen und schafft Beute heran.

Selbst in Großstädten gibt es Füchse. In der Nähe von Menschen finden sie nämlich optimale Bedingungen und viel Beute. In Parks, auf Friedhöfen, alten Bahngeländen, Uferböschungen, in Wäldchen oder Schrebergärten

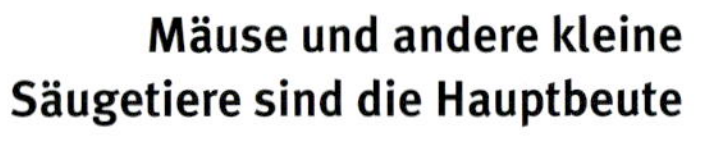

Mäuse und andere kleine Säugetiere sind die Hauptbeute

Neugierig erkunden die Jungtiere ihre Welt

Rekordfuchs mit Sender

Mit speziellen Halsbändern, die automatisch Signale senden, gehen Forscher den Wanderungen von Tieren auf die Spur. So wurde 2018 in Norwegen ein junger Polarfuchs mit einem solchen Sender ausgestattet. Dadurch fanden die Wissenschaftler heraus, dass er innerhalb von drei Monaten 3 500 Kilometer von Spitzbergen über Grönland nach Kanada lief.

gibt es reichlich Platz, um den Bau zu graben. In der Stadt ist der Fuchs eher Sammler als Jäger. Er bedient sich gerne auch an Abfall oder Kompost. Einem Fuchs in der Stadt zu begegnen, ist also durchaus nichts Ungewöhnliches. Vor gesunden Füchsen musst Du dabei keine Angst haben. Wie bei allen Wildtieren gilt jedoch: Laufe den Tieren nicht hinterher und ärgere sie nicht.

Viele Jahren lang gab es bei uns sehr viele kranke Füchse. Sie hatten die Tollwut, eine Krankheit, die beim Fuchs immer tödlich verläuft. In den 1990er- und 2000er-Jahren wurde deshalb eine große Impfaktion gestartet. Mit einem Impfstoff präparierte Fleischstücke wurden im Wald ausgelegt, ja teilweise sogar vom Hubschrauber abgeworfen. Daraufhin erholten sich die Füchse hierzulande. Seit 2013 gibt es keine Tollwut mehr in Deutschland. Neben Füchsen wird sie weltweit gesehen vor allem durch Straßenhunde, Affen und Fledermäuse übertragen. Auch wir können von der Krankheit befallen werden: Weltweit sterben jährlich rund 55 000 Menschen an Tollwut.

Heutzutage gibt es viele Füchse in Deutschland. Sie werden regulär bejagt. Früher hatte ihr Pelz eine Bedeutung zur Herstellung von Kleidung, wie dicken Pelzmänteln. Heute sieht man Pelzmäntel eher selten.

Junge Füchse sehen wirklich putzig aus

Gämsen sind Bergbewohner

Etwa drei Monate lang werden die Jungen gesäugt

Adler zählen zu den Fressfeinden der Gämsen

Männchen und Weibchen tragen Hörner

Gämse

Die Gämse lebt ausschließlich in Gebirgen und ist mit den Ziegen verwandt. Man findet sie in vielen Gebirgen Europas, wie den Pyrenäen oder den Karpaten. In Südamerika und Neuseeland wurde die Art ausgewildert, da man sie dort jagen wollte. In Deutschland kommt sie vor allem im Süden vor, zum Beispiel in den Alpen, aber auch im Schwarzwald und an der Donau.

Gämsen sind wahre Kletterkünstler, die ohne Probleme über spitze Felsen und an steilen Klippen balancieren können. Auch in tiefem Schnee kommen sie gut zurecht.

Diese Tiere ernähren sich von Kräutern, Gräsern, Sträuchern und Kieferntrieben. Im Winter fahren sie ihre die Körperaktivität herunter und legen gewissermaßen den Sparmodus ein, weil dann weniger Nahrung vorhanden ist.

Die Weibchen und Jungtiere leben gemeinsam in Herden von rund 20 Tieren. Gefahr droht aus der Luft: Adler greifen die Jungtiere an, die sich dann unter ihrer Mutter verstecken – häufig mit Erfolg: Denn gegen die 20 bis 25 Kilogramm schweren Muttertiere hat es ein Adler schwer.

Sowohl die Männchen als auch die Weibchen tragen auf dem Kopf nach hinten gebogene Hörner, die sogenannten Krucken. In der Paarungszeit im November und Dezember geht es mächtig zur Sache. Die Böcke versuchen ein Rudel mit Weibchen für sich zu gewinnen und verteidigen es mit aggressiven Kämpfen gegen andere Männchen. Dabei kommen die spitzen Krucken zum Einsatz, und der eine oder andere trägt eine ordentliche Verletzung davon. In der Paarungszeit konzentrieren sich die Männchen ausnahmslos auf die Weibchen und denken nicht einmal daran, etwas zu fressen! Das ist sehr kräftezehrend für die Böcke und kann sie ernsthaft schwächen, zumal ja auch noch der Wintereinbruch dazukommt.

Selbst in steilen Felshängen finden die geschickten Kletterer sicher Halt

Gamsbart

Der Gamsbart ist nicht etwa der Bart eines Gamsbockes, sondern Teil von traditionellen Kleidungsstücken zum Beispiel in Österreich: Aus den dunklen Rückenhaaren einer Gams wird ein Büschel gebunden und meist an den Hut gesteckt.

Kegelrobben sind unter Wasser sehr flink und geschickt

Kegelrobbe

Ihren Namen verdankt die Kegelrobbe der spitz zulaufenden, „kegelförmigen“ Schnauze. Sie ist das Erkennungszeichen von Deutschlands größtem Raubtier. Männchen können es in Sachen Gewicht und Maßen bei bis zu zweieinhalb Metern Körperlänge und bis zu 300 Kilogramm durchaus mit einem Braunbären aufnehmen! Die höchstens zwei Meter langen Weibchen sind nicht nur um einiges kleiner, sondern bringen auch lediglich 150 Kilogramm auf die Waage.

Kegelrobben sind ausgezeichnete Schimmer und haben sich perfekt an das Leben im Meer angepasst. Im Wasser erreichen sie Geschwindigkeiten von über 30 Stundenkilometern, können bis zu 300 Meter tief tauchen und eine halbe Stunde die Luft anhalten. An Land kommen sie hingegen nur schwerfällig voran. Mühsam robben sie über den Strand oder Klippen, da sie nicht dazu in der Lage sind, ihre hinteren Gliedmaßen unter den Körper zu hieven.

Die Tiere ernähren sich überwiegend von Fisch, insbesondere Dorsch, Hering und Plattfisch. Als kleine Happen werden auch Weichtiere und Krabben nicht verschmäht. Es gibt sogar Berichte über Kegelrobben, die Schweinswale gejagt haben.

Kegelrobben waren zu Beginn des vergangenen Jahrhunderts an der gesamten Ostseeküste in riesigen Kolonien verbreitet. Innerhalb weniger Jahrzehnte jedoch wurden die Kegelrobben in der deutschen Ostsee in Massen abgeschlachtet und nahezu ausgerottet – sie galten als Konkurrenten um Fisch. Meeresverschmutzung und Umweltgifte taten ihr Übriges. Nur wenige Tiere überlebten das Massaker.

Die Tiere sind perfekt an das Leben am und im Meer angepasst

Ihrer kegelförmigen Schnauze verdankt die Kegelrobbe ihren Namen

Kegelrobben sind intelligent, neugierig und verspielt

Hauptsache Blubber!

Kegelrobben kommen nur in den kühlen bis eisigen Gewässern der Nordhalbkugel vor. Gegen die hier herrschende Kälte schützen sich die Tiere durch den sogenannten „Blubber", eine dicke Speckschicht, die sie sich schon als Baby mit der nahrhaften Muttermilch anfressen und die auch als Energiereserve für Notfälle dient.

Inzwischen erholen sich die Bestände wieder. Im Greifswalder Bodden kannst Du das ganze Jahr über Kegelrobben beobachten. Seit wenigen Jahren werden wieder Robbenbabys in der deutschen Ostsee geboren. In der Nordsee entwickeln sich die Robbenbestände sogar noch besser.

Kegelrobben fühlen sich zwar im Wasser pudelwohl, kommen dort aber nicht auf die Welt. Während des Winters gebären die Weibchen entweder auf dem Packeis oder einer Sandbank, die nicht überschwemmt werden kann. Das ist wichtig, denn das wollige, weiße Fell der Jungtiere, Lanugo genannt, schützt zwar vor der Kälte, muss aber dafür möglichst trocken bleiben. Erst nach einem Monat bekommt das Robbenbaby sein wasserdichtes Fell.

Dank der fettreichen Milch der Mutter wächst das Jungtier rasant heran

Luchse sind überaus sprunggewaltig!

Luchs

Bekannt für seine Pinselohren und den Backenbart, streift der Luchs seit einigen Jahren wieder durch unsere heimischen Wälder. Er gehört zu den Kleinkatzen und ist neben der Wildkatze der einzige „wilde" Vertreter der Katzen hierzulande. Unsere Luchse zählen zum Eurasischen Luchs. Es gibt noch drei weitere Arten: den Rotluchs und den Kanadaluchs in Nordamerika sowie den Pardelluchs in Spanien und Portugal – den kleinsten Vertreter der Luchse.

Wie alle Katzen besitzt auch der Luchs ein Raubtiergebiss

Einst war der Luchs in allen größeren Waldgebieten und Mittelgebirgen Europas beheimatet. Doch als die Menschen die Wälder rodeten, um Holz für Häuser und Land für Äcker zu gewinnen, verlor der Luchs seinen Lebensraum. Mit dem Wald verschwanden auch seine Beutetiere, insbesondere das Reh und Rotwild. Somit fand der Luchs nur noch wenig Nahrung. Als er dann, um zu überleben, Schafe und Ziegen der Menschen fraß, wurde er brutal verfolgt. Für die Menschen war er ein Konkurrent und wurde in Deutschland und seinen Nachbarländern weitgehend ausgerottet.

Ab den 1970er-Jahren begann man hierzulande, Luchse wieder anzusiedeln und sie in ihre Heimat zurückzuholen. Auf eigenen Pfoten hätten sie den weiten Weg aus den Karpaten oder Skandinavien, wo sie überlebt hatten, wohl nicht geschafft. Nun gibt es wieder Luchse im Bayerischen Wald, im Harz und im Pfälzerwald. Manche Menschen mögen den Luchs nach wie vor nicht, deshalb bleibt Wilderei ein Problem.

Luchse brauchen ein riesiges Gebiet in großen, ungestörten Wäldern, um sich heimisch zu fühlen. Das Revier eines einzigen Männchens umfasst bis zu 400 Quadratkilo-

Meisterspringer mit scharfen Sinnen

Luchse können sehr weit springen, gut sehen und hervorragend hören: Bis zu sieben Meter weit kann ein Luchs springen und eine Trillerpfeife noch aus fast fünf Kilometern Entfernung hören. Hunden gelingt das nur bis zu einer Entfernung von rund drei Kilometern.

Meist werden zwei bis drei Jungtiere geboren

meter, also eine genauso große Fläche wie die der Stadt Köln mit einer Million Einwohnern. Wenn Luchse auf ihren Wanderungen Straßen oder Schienen kreuzen, kann ihnen das zum Verhängnis werden.

Luchse sind Einzelgänger. Männchen (auch Kuder genannt) und Weibchen (Katze genannt) treffen sich lediglich zur Ranzzeit, also der Paarungszeit im Februar und März. Mit lauten Schreien verständigen sie sich, denn in solch riesigen Revieren muss man sich ja erst einmal finden. Das geschieht allerdings auch über Duftmarkierungen, denn Luchse sind ausgesprochene Nasentiere: Sie reiben sich an Felsvorsprüngen oder pinkeln an markante Stellen, um ihr Revier zu markieren und auf sich aufmerksam zu machen.

Etwa 70 Tage nach der Paarung werden die Jungen geboren – in der Regel sind es zwei oder drei. Sie bleiben knapp ein Jahr bei ihrer Mutter, bevor sie sich ein eigenes Revier suchen müssen. Bis dahin lauern neben Wilderei und Straßenverkehr noch andere Gefahren auf sie: Krankheiten, Nahrungsmangel, aber auch dem Fuchs erliegt der eine oder andere junge Luchs.

Luchse ernähren sich am liebsten vom Reh, aber auch von jungem Rotwild, Hasen und sogar Füchsen. Bei der Jagd lauern sie ihrer Beute auf. Deshalb sind ihre Reviere auch so groß, da sie sich immer wieder neue Ansitze suchen, von denen aus sie ihre Beute überraschen und mit einem großen Sprung und kurzen Sprint überwältigen können.

Auch im Schnee sind Luchse meisterhafte Jäger und brauchen deshalb keinen Winterschlaf zu halten. Ihre großen Tatzen mit den vielen Härchen darunter funktionieren wie Schneeschuhe. Damit können sie ohne Probleme auch durch hohen Schnee laufen, ohne tief einzusinken.

Ohrenpinsel

Die Funktion der Ohrenpinsel ist nach wie vor nicht genau geklärt. Eine mögliche Erklärung ist, dass die Tiere damit die Windrichtung bestimmen, was ihnen bei der Jagd helfen würde. Sie könnten dann besser herausfinden, aus welcher Richtung ein Geruch kommt, oder sich gegen den Wind anschleichen, damit die Beute sie nicht wahrnimmt.

Mufflon und Wolf

Das Fluchtverhalten der Mufflons ist an ihren ursprünglichen Lebensraum im Gebirge perfekt angepasst: Bei Gefahr flüchten sie nach meist kurzen Sprints auf unzugängliche Felsen. Im Flachland funktioniert das aber nicht. Daher sind sie hier für ihre Feinde leichte Beute. So wurden die in Deutschland ausgesetzten Mufflon-Vorkommen nach der Rückkehr des Wolfes in vielen Regionen ausgerottet oder zumindest sehr stark dezimiert. Auch die Wiederansiedlung von Luchsen im Harz hat dort zu Rückgängen der Mufflons geführt.

Mufflon

Bis vor etwa 3 000 Jahren war dieses Wildschaf auch in Mitteleuropa heimisch. Dann verschwand es – warum, das wissen wir bis heute nicht. Nur auf einigen Mittelmeerinseln wie Korsika oder Sardinien überlebte das Mufflon, außerdem in Teilen Asiens, wie etwa dem Iran oder in Anatolien. In Deutschland gibt es die Art heute wieder in einigen Laub- und Mischwäldern. Die Tiere wurden hier als Jagdwild ausgesetzt, obwohl sie eigentlich Bergtiere sind, wie Gämse und Steinbock.

In Mitteleuropa ist das Mufflon heute wieder heimisch

Männliche Mufflons, die Widder, haben mächtige, spiralförmige Hörner, die bis zu 80 Zentimeter lang werden können. Bei über zehn Jahre alten Tieren sind sie bereits so lang, dass sie schneckenhausförmig gekrümmt sind. Weibchen haben nur kleine, höchstens 15 Zentimeter lange Hörner, die etwas nach hinten gebogen sind. Ein weiterer Unterschied ist der weiße, unübersehbare Fell-Sattel auf dem Rücken, den die Widder zeigen.

Widder besitzen ein eindrucksvolles, spiralförmiges Gehörn

Weibchen und Jungtiere tragen keine Hörner

Ich zahle mit Mufflon!

Das Mufflon ist auf der Insel Zypern von großer Bedeutung und so etwas wie das Nationaltier. Man findet das Wildschaf daher auch auf den 1-, 2- und 5-Euro-Centmünzen des Landes.

Das Sagen haben bei den Mufflons die Weibchen: Die kleinen Herden leben unter der Führung eines erfahrenen Mutterschafs. Widder bilden außerhalb der Brunft, also der Paarungszeit im Herbst, eigene Junggesellen-Gruppen. Die Tragzeit dauert etwa fünf Monate und mit Ende des Winters werden ein bis zwei Lämmer geboren, die zunächst von ihren Müttern mit Milch gesäugt und nach etwa einem halben Jahr entwöhnt werden – dann also bekommen sie keine Milch mehr.

Mufflons sind nicht besonders wählerisch bei ihrer rein pflanzlichen Nahrung: Gräser, Kräuter, kleine Zweige, Laub, Eicheln, Rinde und Knospen stehen auf dem Speiseplan. Selbst vor Pflanzen, die für uns giftig sind, wie der Tollkirsche, macht ihr Appetit nicht Halt. Zu ihren natürlichen Feinden zählen je nach Region Bären, Luchse und Wölfe. Große Greifvögel wie der Adler können hingegen nur frisch geborene Lämmer reißen.

Mufflons sind Herdentiere

Junge Murmeltiere bleiben in ihrem Familienverband, bis sie selbst Nachwuchs bekommen können

Murmeltier

Den typischen, lauten Murmeltier-Pfiff haben schon viele Bergwanderer gehört. Es ist ein Warnruf: Wenn die größten Nagetiere der Alpen nach Nahrung suchen, hält stets ein Tier Wache. Bei Gefahr warnt es seine fressenden Artgenossen mit eben jenem Pfiff. Besonders vor dem Adler müssen sich die Tiere in Acht nehmen. Aber auch Fuchs, Uhu oder Marder zählen zu ihren Fressfeinden. Schutz bieten ihnen unterirdische Höhlen: Ein Murmeltierbau kann über zehn Meter lang und drei Meter tief sein. Meist besitzt er mehrere Ausgänge.

Murmeltiere fressen vornehmlich Gras, Wildkräuter, Samen, Wurzeln und Früchte. Manchmal stehen auch Insekten auf dem Speiseplan. Die grünen Almwiesen und Berghänge in 1 300 bis 2 700 Metern Höhe bieten ihnen im Sommer einen reich gedeckten Tisch.

Doch die warme Jahreszeit in den Bergen ist kurz. Die schneereichen Winter, in denen es schwer ist, Nahrung zu finden, verschlafen die Tiere daher. Dafür fressen sie sich im Sommer und Herbst eine dicke Fettschicht an. Im Herbst können sie beachtliche fünf Kilogramm auf die Waage bringen!

Ihren Winterbau, in den sie sich zwischen Ende September und April zurückziehen, buddeln Murmeltiere tief ins Erdreich. Mit Gras und Laub polstern sie ihre Höhlen bequem aus. Während des Winterschlafs versinken die Tiere in eine intensive Ruhephase. Die Atmung reduziert sich auf einen Zug alle dreißig Sekunden und das Herz schlägt statt 200 nur noch 20 Mal pro Minute. Sogar Magen und Darm verkleinern sich während dieser Zeit.

Wo regelmäßig Wanderer vorbeikommen, verlieren Murmeltiere ihre Scheu

Murmeltiere leben sehr gesellig

Ein Murmeltier als Wetterfrosch?

Am 2. Februar wird in manchen Städten der USA und Kanadas der Murmeltiertag gefeiert. Dabei wird ein (Wald-)Murmeltier aus seinem Bau „gelockt". Wirft der Nager einen Schatten, soll der Winter noch weitere sechs Wochen dauern. Ist kein Schatten zu sehen, ist der Frühling nahe.

Mit der Kinokomödie „Und täglich grüßt das Murmeltier" von 1993 wurde dieser Tradition ein filmisches Denkmal gesetzt.

Das Murmeltier ist ein reiner Pflanzenfresser

Neben Adler und Mensch ist der Winter der gefährlichste Feind der Murmeltiere. Haben sie sich nicht genug Winterspeck angefressen oder werden sie durch Störungen zu oft „geweckt", verringert das ihre Überlebens-Chancen erheblich. Besonders gefährlich sind schneearme, aber kalte Winter, da dann die isolierende Schneeschicht auf dem Boden fehlt, sodass der Bau schneller auskühlt. Dann müssen die Nager mehr Energiereserven für die Körperwärme aufwenden.

Die Murmeltiere in den Alpen sind sehr gesellig und leben in Kolonien zusammen. Familienmitglieder begrüßen sich, indem sie die Nasen aneinander reiben und sich mit ihren Köpfen berühren. Sie pflegen einander auch das Fell. Vor allem die Jungtiere spielen zusammen und tollen umher – oder „faulenzen".

Murmeltiere haben nur wenige Schweißdrüsen und können auch nicht hecheln wie Hunde, um ihre Körpertemperatur zu regulieren. Auch deshalb fühlen sie sich in den luftigen, kühleren Bergregionen wohl.

Adler sind gefährliche Feinde der Murmeltiere

Das Reh ist bei uns recht häufig

Reh

Das Reh ist wohl das häufigste größere Säugetier hierzulande: Bei keiner anderen Art stehen Deine Chancen besser, es außerhalb eines Tierparks zu Gesicht zu bekommen. Es ist der kleinste Vertreter unter den heimischen Hirscharten und von der Nordsee bis in die Alpen überall zu Hause. Rehe können tag- oder nachtaktiv sein – je nachdem, wann sie am wenigsten durch Menschen gestört werden.

Rehe sind wahre Feinschmecker und fressen nicht einfach nur Gras. Sie sind sehr anspruchsvoll und benötigen verschiedene Kräuter, Gräser, Knospen und Blätter. Sogar einzelne Pflanzenteile können sie nach Geschmack und Nährstoffgehalt unterscheiden.

Wie alle Hirschverwandten gehören sie zu den Wiederkäuern: Sie besitzen mehrere Mägen, um die schwer verdauliche Pflanzennahrung aufzuspalten, und sie würgen vorverdaute Nahrung hoch, um sie erneut durchzukauen. Rehe müssen eine Menge Nahrung zu sich nehmen: zwischen zwei und vier Kilogramm jeden Tag. Im Winter fahren Rehe ihren Stoffwechsel herunter, da nur noch wenig Nahrung zu finden ist. Sie bewegen sich weniger und ruhen häufiger.

Rehe haben eine ganz besondere Art der Fortpflanzung. Die Paarungszeit ist im August. Bis zum Herbst wachsen die Embryonen im Körper der Ricke, also des weiblichen Rehs, jedoch fast nicht. Man spricht von Embryonalruhe. Erst ab Dezember beginnen sie zu wachsen, damit im Juni ein bis vier Rehkitze das Licht der Welt erblicken können. Würden die Embryonen ab August normal wachsen, wären sie schon im Winter so weit entwickelt, um auf die Welt kommen zu müssen – doch mit Schnee, Kälte und wenig zu fressen wäre das eine denkbar ungünstige Zeit.

Typisch für die Rehböcke ist das Geweih, mit dem sie sich vor der Brunftzeit gegen Rivalen zu verteidigen wissen. Manchmal siehst Du im Wald junge Bäume, an denen unten die Rinde fehlt, und vor dem Baum

Das jedes Jahr nachwachsende Gehörn der Böcke ist anfangs von Haut umhüllt, dem Bast

Zeitweise leben Rehe in kleinen Gruppen

Knopsen und junge Blätter schmecken dem Reh ganz besonders gut

Rehe vermögen sehr hoch und weit zu springen!

sind Kratzspuren. Gut möglich, dass hier ein Rehbock zugange war und die Basthaut vom Geweih gefegt hat. Denn das Geweih wächst jedes Jahr neu. Darüber liegt eine dünne Haut, die das Geweih mit Nährstoffen versorgt. Ist es ausgewachsen, möchte sich der Bock der jetzt überflüssig gewordenen Basthaut entledigen und fegt sie deshalb ab.

Außerdem hat er auf der Stirn und zwischen den Klauen (Zehen) Duftdrüsen. Mit seinem Geruch setzt er somit eine Markierung ab. Damit zeigt er im Frühjahr seinen Rivalen: „Das ist mein Revier!"

Außer zur Paarungszeit leben Rehe häufig in kleinen Gruppen. Insbesondere im Winter stehen häufig 20, 30 und manchmal bis zu 100 Tiere auf Feldern. Ab April geht dann jedes wieder seine eigenen Wege.

Rehe sind des Jägers liebste Beute: Über eine Million Tiere werden jedes Jahr in Deutschland geschossen und landen als leckeres Rehgulasch oder Rehrücken auf dem Teller. Natürliche Feinde hat das Reh auch: Fuchs, Uhu, Seeadler, Luchs und Wolf fressen gern Rehe. Darüber hinaus kommen viele tausend Rehe jedes Jahr im Straßenverkehr zu Tode. Viele Rehkitze sterben leider, wenn die Wiesen zu früh mit Traktoren gemäht werden – die Jungen laufen nämlich nicht weg, sondern bleiben im hohen Gras liegen.

An Heidelbeersträuchern naschen Rehe sehr gerne

Wenn seine Mutter unterwegs ist, um zu fressen, bleibt das Kitz geduldig liegen

Nicht anfassen!

Falls Du einmal ein Rehkitz allein im Wald oder auf dem Feld finden solltest: Fass es auf keinen Fall an! Natürlich darfst Du es schon gar nicht mitnehmen. Es kann sein, dass die Mutter das Junge gerade zurückgelassen hat, um zu fressen, und bald zurückkommt. Damit Feinde die jungen Kitze nicht finden, wenn sie kurzzeitig von der Mutter getrennt sind, haben sie noch keinen Eigengeruch. Somit können Fuchs oder Wolf sie nicht erriechen. Würdest Du das Kitz anfassen, würde seine Mutter den fremden Geruch wahrnehmen und ihr Junges nicht mehr annehmen.

Rothirsch

Der Rothirsch wird auch der König des Waldes genannt, schließlich ist er neben Wisent und Elch unser größter heimischer Waldbewohner. Er kann bis zu 200 Kilogramm wiegen. Sein imposantes Geweih wird bis zu zehn Kilogramm schwer und zwei Meter breit. Der Begriff „Rothirsch" leitet sich übrigens vom rotbraunen Sommerfell ab. Das Winterfell hingegen ist graubraun. Die meiste Zeit des Jahres lebt Rotwild äußerst gesellig in Rudeln. Nur zur Brunft im September röhren die Hirsche um die Wette und kämpfen mit ihren Geweihen, um Anspruch auf die Weibchen zu erheben.

Rotwild ist bei der Nahrungswahl nicht ganz so anspruchsvoll wie das Reh und ernährt sich von Gräsern, Kräutern, Sträuchern, Zweigen und Blättern. Seine Vorliebe für junge Baumtriebe und bei Nahrungsmangel auch Baumrinde macht Rotwild beim einen oder anderen Förster unbeliebt. Denn angeknabberte Bäume können Krankheiten oder einen krummen Stamm

Junge Baumtriebe zählen zur Lieblingsnahrung des Rotwilds

Kaum zu glauben, dass das mächtige Geweih jedes Jahr abgeworfen wird und ein neues wächst

Die Kämpfe der Männchen zählen zu den eindrucksvollsten Naturschauspielen

Eine Hirschkuh mit ihrem Jungen

entwickeln. Deshalb gibt es nur auf einem Viertel der Landesfläche Deutschlands Rotwild, nämlich in ausgewiesenen Rotwildgebieten. Außerhalb sollen sie zum Schutz der Wälder konsequent bejagt werden.

Rotwild wandert im Jahreslauf zu seinen Nahrungs- und Brunftplätzen. Deshalb leidet das Rotwild darunter, dass die Landschaft durch Straßen zerschnitten wird. Eingezaunte Autobahnen oder auch Kanäle mit steilen, betonierten Ufern stellen unüberquerbare Hindernisse dar. Wo der Mensch die Landschaft verbaut, muss deshalb unbedingt nachgeholfen werden. Prima geht das mithilfe von Grünbrücken.

Die Brunft findet im Herbst statt. Dann suchen die Hirsche die Weibchen auf, um sich mit ihnen zu paaren. Meist setzt sich dabei der älteste Hirsch durch, der sogenannte Platzhirsch. Dem voraus gehen Kämpfe, bei denen die Hirsche mit ihren großen Geweihen zeigen, wer der Stärkste und Beste ist.

Zur besseren Tarnung sind die Kälber gefleckt

In der Brunftzeit röhren die Hirsche laut

Junge Seehunde muss man einfach lieben ...

Seehund

Heulen nach Mama: Wenn ein Seehundbaby seine Mutter verliert, heult es ganz laut, um den Kontakt wiederherzustellen. An Land möchte der junge „Heuler" am liebsten in der Nähe seiner Familie bleiben und ruht sich gerne mal auf den Sandbänken aus. Seehunde kommen zwischen Mai und Juni auf die Welt. Nach elf Monaten Tragzeit wirft das Weibchen ein, manchmal auch zwei kleine Junge. Anfangs haben die frisch geborenen Heuler noch ein silbergraues, wolliges „Jugendkleid". Sehr schnell nach der Geburt wird es durch ein glattes, kurzhaariges Fell ersetzt.

Ihren Namen verdanken die Tiere wahrscheinlich dem an Haushunde erinnernden Aussehen: Sie haben große, runde Augen, eine feuchte „Stupsnase" und insgesamt ein hundeähnliches Gesicht. Markant für die Tiere sind auch die sehr langen Barthaare. Damit können sich die Tiere in trüben Gewässern orientieren und Nahrung finden. Manchmal bellen die Tiere sogar.

Die langen Füße mit breiten Schwimmhäuten wirken im Wasser wie Flossen, sind an Land jedoch weniger nützlich. Beim Klettern über Land und Eis kommen vor allem die vorderen Gliedmaßen zum Einsatz.

Bei Ebbe kannst Du die Tiere am Strand beobachten

So plump Seehunde an Land sind, so elegant bewegen sie sich unter Wasser

Süß oder salzig?

Seehunde leben zwar in Deutschland am Meer, sind aber nicht auf Salzwasser angewiesen. Auch im Süßwasser fühlen sie sich wohl. Vor allem in Nordamerika findet man sie in großen Flüssen und Seen. In Europa ist das dagegen eher selten der Fall.

Seehundmännchen werden bis zu 185 Zentimeter lang und 142 Kilogramm schwer. Die Weibchen sind mit maximal 170 Zentimetern kleiner, können allerdings genauso schwer werden.

Bei Ebbe ruhen die Tiere an Land. Dann kannst Du sie auch am besten beobachten. Mit der Flut schwimmen sie ins Meer hinaus, um Fische zu jagen. Auch Muscheln und Krabben stehen auf dem Speiseplan. Während Seehunde an Land oft in größeren Kolonien ihre Zeit verbringen, sind sie im Meer überwiegend alleine oder in kleinen Gruppen unterwegs.

Ihr Verbreitungsgebiet ist wirklich weltweit und reicht von der Nordsee über den Atlantik und Pazifik bis nach Südjapan. In Deutschland gibt es im Wattenmeer bis zu 15 000 Seehunde, in der Ostsee sind es 8 000 Tiere. Der Seehund ist damit hierzulande die häufigste Meeressäugerart, wird auf der Roten Liste Deutschlands aber weiterhin als „gefährdet“ eingestuft.

Der Seehund ist Deutschlands häufigster Meeressäuger

Sein prächtiges Gehörn macht den Steinbock unverwechselbar

Die liebe Verwandtschaft

Steinböcke und Hausziegen sind so nahe miteinander verwandt, dass man sie verpaaren und weiterzüchten kann. Die Hausziege stammt jedoch nicht vom Steinbock ab, sondern von der asiatischen Bezoarziege, die Du hier siehst.

Steinbock

Der Steinbock war bereits aus der freien Wildbahn verschwunden. Seit dem Mittelalter hat der Mensch den Tieren nachgestellt. Das Fleisch wurde gegessen, Blut, Hörner und andere Körperteile galten als heilkräftige Wundermittel. Um 1800 gab es in den Alpen keine Steinböcke mehr. Nur in „Gran Paradiso", einem Jagdgatter der italienischen Könige, hatten rund 100 Exemplare überlebt.

Nachdem es verboten wurde, diese letzten Tiere zu jagen, wuchs der dortige Bestand innerhalb einiger Jahrzehnte auf 3 000 Steinböcke an. Es folgten Wiederansiedlungsprogramme, in denen die Tiere in den Alpen freigelassen wurden. Alle über 700 heute in Deutschland lebenden Steinböcke sind Nachfahren dieser italienischen Tiere.

Steinböcke sind kräftige, perfekt an das Leben im Gebirge angepasste Wildziegen – und hervorragende Kletterer. Die Hinterbeine sind länger als die Vorderbeine, sodass die Tiere an steilen Hängen sicher gehen können. Außerdem sind die zwei geteilten Hufe quasi perfekte Wanderschuhe:

Steingeißen besitzen nur kurze Hörner. Hier lecken sie gemeinsam mit einem Jungtier Mineralsalze vom Felsen.

Wie der Frühling, so das Horn

Anders als das Geweih von Hirschen bildet sich das Horn nicht jedes Jahr neu. Stattdessen wächst es mit jedem Jahresring ein bisschen weiter – und wird so zum „Wetter-Anzeiger". Wenn hohe Temperaturen im Frühling den Schnee früher schmelzen lassen, verbessert sich das Nahrungsangebot für die Steinböcke rasch. Das hat auch Auswirkungen auf ihre Hörner: Je wärmer der Frühling, desto mehr wachsen sie. Große Abstände zwischen den Jahresringen zeugen von optimalen Bedingungen, kleine Abstände hingegen lassen auf lange, kalte Winter schließen.

Der Steinbock ist ein reiner Gebirgsbewohner

Sie sind unabhängig voneinander beweglich, wodurch Unebenheiten kein Problem darstellen. Dank dieser Trittsicherheit scheuen Steinböcke im steilen Hochgebirge auch keine Geländekanten oder Felswände. Waghalsige Sprünge stellen kein Problem dar.

Während des Sommers äsen die Herden in kühlen Hochlagen oberhalb der Baum- und unterhalb der Schneegrenze. Sie fressen vor allem am frühen Morgen und am Abend. Tagsüber ruhen sie häufig und käuen wieder: Indem sie ihre Nahrung mehrmals aus dem Magen herauswürgen und sie noch einmal kauen, gelingt es ihnen, selbst aus kargem Futter viel Energie zu gewinnen. Im Winter steigen sie tiefer in die Täler hinab, da sie den Tiefschnee der Höhenlagen zu vermeiden versuchen.

Die säbelförmigen Hörner der Männchen können bis zu einem Meter lang werden. Während der Paarungszeit im Winter kommen die Hörner auch bei Kämpfen zwischen den Böcken zum Einsatz. Der Sieger aus diesem Duell sichert sich die Kontrolle über eine Herde und darf sich fortpflanzen.

Nach einer Tragzeit von fünf bis sechs Monaten bringen die Weibchen im frühen Sommer ein Jungtier (Kitz) zur Welt, manchmal auch zwei. Das Junge kann vom ersten Tag an laufen und muss der Herde auf ihren Streifzügen über die Berghänge folgen. Ähnlich wie Hausziegen können Steinböcke meckern und blöken. Mit Pfiffen warnen sie ihre Artgenossen bei Gefahr.

Manchmal lassen es die Böcke richtig krachen …

Waschbären stammen aus Nordamerika

Als Kulturfolger suchen Waschbären auch schon mal im Müll nach Fressbarem

Die Kleinbären sind neugierig und intelligent

Waschbär

Der Waschbär ist eigentlich ein „waschechter Amerikaner“. Alle in Europa vorkommenden Waschbären sind Nachfahren von Tieren, die im 20. Jahrhundert aus Gehegen entkommen sind oder ausgesetzt wurden. In Deutschland geht ein Großteil auf eine Handvoll Tiere zurück, die im Jahr 1934 in Hessen ausgewildert wurden, sowie auf eine größere Gruppe, die während des Zweiten Weltkriegs aus einer Pelztierfarm in der Nähe von Berlin entkam, als eine Bombe das Gebäude beschädigte.

Seitdem haben sich die Tiere über fast ganz Deutschland ausgebreitet. Sie fühlen sich bei uns ziemlich wohl. Das hat vor allem zwei Gründe. Zum einen mangelt es hierzulande an natürlichen Feinden. Und zum zweiten ist der Waschbär nicht sonderlich wählerisch, was sein Fressen angeht: Von Vogeleiern oder -küken bis zur weggeworfenen Pizza aus der Mülltonne schmeckt ihm so ziemlich alles. Auch ein Grund, warum er sich selbst in menschlichen Siedlungen und Großstädten sehr wohlfühlt – und stark vermehrt. Inzwischen streifen vermutlich über eine Million der Kleinbären durch Deutschland. Die drolligen Tiere sind für viele einheimische Arten allerdings eine Gefahr. Nicht nur Vögel, die ihre Nester auf dem Boden haben, wie etwa Birkhühner, Wachteln oder Rebhühner, leiden unter den Allesfressern. Waschbären können nämlich auch gut schwimmen und klettern. Daher sind die Nester von Baumbrütern wie Amsel und Stockente ebenfalls leichte Beute, ebenso Amphibien wie Frösche.

Der kleine Bär kann bis zu sechs Kilogramm schwer und 70 Zentimeter groß werden – seinen buschigen Schwanz noch nicht mit eingerechnet. In der Dämmerung und nachts gehen die Tiere bevorzugt auf Streifzug. Wenn sie unterwegs sind, gilt: immer der Nase nach! Ihr feiner Geruchssinn offenbart ihnen die leckersten Nahrungsquellen. Am Ufer von Flüssen und Seen tasten sie hingegen mit ihren Pfoten nach Krebsen, Insektenlarven und kleinen Fischen.

Krebse und andere Wasserbewohner zählen zur Lieblingsnahrung des Waschbären

Waschbären halten keinen richtigen Winterschlaf. Doch wenn es kälter wird, ziehen sie sich trotzdem gerne in schützende Höhlen oder Kellerräume zurück. Dort ruhen sie mitunter mehrere Wochen, ohne zu fressen. Sie verlieren dabei bis zur Hälfte ihres Gewichts. Nach dem Winter ist bei den Waschbären Paarungszeit. Rund zwei Monate später bringt das Weibchen im Schnitt drei Junge zur Welt, die am Anfang winzig klein und blind sind. Erst im Alter von sechs bis neun Wochen verlässt der Nachwuchs zum ersten Mal den Bärenbau und beginnt damit, die Welt zu erkunden.

Wäscht sich der Waschbär gerne?

Wie alle Tiere verwendet der Waschbär viel Zeit auf Körperpflege und versucht seinen Pelz frei von Parasiten zu halten. Seinen Namen verdankt er aber einer Besonderheit, die er vor allem bei Haltung in Gehegen an den Tag legt: Sein Futter reinigt er am liebsten im Wasser, bevor er es verzehrt. Und wie Du schon weißt, tastet er in der Natur im flachen Wasser nach Beute – das sieht aus, als wasche er sie.

Links: Die Wildkatze kann hervorragend klettern

Rechts: Junge Wildkatzen sind allerliebst

Wildkatze

Im Sprung kann die Wildkatze Vögel aus der Luft erbeuten

Die Wildkatze ist in etwa so groß wie unsere Hauskatzen, allerdings etwas plumper und schwerer und mit einem größeren Kopf. Es ist gar nicht so einfach, eine Wildkatze von einer Hauskatze zu unterscheiden – ohne eine Haar- oder Blutprobe gibt es keine Gewissheit. Ein Merkmal ist jedoch der Schwanz, der bei der Wildkatze schwarz geringelt ist und ein ganz buschiges Ende besitzt.

Wildkatzen sind deutlich kleiner als Luchse und wiegen nur rund fünf Kilogramm. Sie ernähren sich von kleinen Säugetieren wie Mäusen und Ratten, aber auch Kaninchen, Vögeln, Fischen, Insekten und Reptilien. Wildkatzen sind sehr scheu und leben fast ausschließlich im Wald, nur selten bekommt man sie deshalb zu sehen. Gerne verstecken sie sich in hohlen Bäumen, unter Wurzeln oder auch in Dachs- und Fuchsbauen. Wildkatzen können sehr gut klettern.

Gefährlich werden ihnen der Straßenverkehr oder Krankheiten. Auch die Bestände der Wildkatze waren durch den Verlust der Wälder stark zurückgegangen. Außerdem wurden sie mit Gift und Fallen bejagt, da sie angeblich Vögel- und Kaninchenbestände ausrotteten. Doch die Art erholt sich wieder, auch dank der ehemaligen innerdeutschen Grenze. Der mehrere hundert Meter breite Grenzstreifen, der Ost von West viele Jahre trennte, ist mittlerweile ein grünes Band voller Wiesen, Bäume und Sträucher, das sich durch ganz Deutschland zieht und wandernden Tieren wie der Wildkatze Schutz bietet, um ungestört zwischen ihren Lebensräumen umherzustreifen.

Wildkatzen können bis zu zehn Jahre alt werden und bekommen einmal im Jahr zwischen April und Mai zwei bis sechs Junge. Ein zweiter Wurf im August ist möglich. Manchmal gibt es auch Kreuzungen zwischen Haus- und Wildkatze, also Mischlinge beider Arten.

Säugetiere bis zur Größe von Kaninchen und Hase zählen zur Beute der Wildkatze

Das gemeinsame Kuscheln stärkt den Familienzusammenhalt der Jungen

Duftender Baldrian

Wie Hauskatzen mögen auch Wildkatzen den Geruch von Baldrian. Um an ihre Haare zu kommen und sie damit genauer untersuchen zu können, stellen Wissenschaftler deshalb mit Baldrian getränkte sogenannte Lockstöcke auf. Die Katzen reiben sich daran, und ein paar Haare bleiben kleben. Anhand dieser können Forscher dann zum Beispiel Verwandtschaftsbeziehungen zwischen verschiedenen Tieren untersuchen.

Wildschwein

Das Wildschwein ist der Vorfahre unserer Hausschweine. Vermutlich schon vor 9 000 Jahren begannen die Menschen, Wildschweine zu domestizieren, also zu zähmen und als Haustiere zu halten. Ursprünglich kamen sie nur in Europa, Asien und Nordafrika vor, doch auch in Amerika und Neuseeland wurden sie eingebürgert.

Wildschweine sind Allesfresser und ernähren sich besonders gern von Eicheln und Bucheckern, darüber hinaus Wurzeln, Regenwürmern, Mäusen, im Boden lebenden Insekten und Aas. Allerdings fressen sie auch sehr gerne Kartoffeln, Raps, Mais und anderes Getreide. Viele Bauern fürchten deshalb Wildschweine, da sie in nur einer Nacht beträchtlichen Schaden an einem Feld anrichten können.

Wildschweine können über 100 Kilogramm schwer werden, in manchen Fällen sogar bis zu 350 Kilogramm. Die Männchen – auch Keiler genannt – haben beachtliche Eckzähne. Die Paarungszeit findet zwischen November und Januar statt. Die Bache – so werden die weiblichen Tiere genannt – bringt meist nach drei Monaten, drei Wochen und drei Tagen ein bis zwölf Frischlinge (Ferkel) auf die Welt. Drei bis vier Monate werden die jungen Schweine gesäugt und erst mit fünf Monaten verlieren sie ihre Streifen. Wildschweine leben in Rotten, das sind große Familienverbände zwischen 20 und 100 Tieren. „Mama“ hat das Sagen in der Rotte und bestimmt die meisten Aktivitäten der Gruppe.

Wenn Du beim Spaziergang oder Fahrradfahren im Wald auf kleine Frischlinge stößt, solltest Du lieber wieder umdrehen. Denn wo die Frischlinge sind, ist auch die Mutter nicht weit, und die verteidigt ihre Jungen mitunter sehr aggressiv!

Wildschweine haben eine ganz besondere Art der Körperpflege: Sie suhlen sich gern im Dreck, wälzen sich also mit dem ganzen Körper in großen, schlammigen Pfützen – den Suhlen. Wenn der Schlamm getrocknet ist, schrubben sie sich die Kruste an Bäumen wieder ab.

Keiler besitzen lange Eckzähne und sind sehr wehrhaft

Eicheln sind nahrhafte Leckerbissen für Wildschweine

Frischlinge bleiben nah bei ihrer Mutter, die sie beschützt und verteidigt

Gefährliche Krankheit

Seit einigen Jahren kommt die Afrikanische Schweinepest auch nach Deutschland. Die unter Schweinen sehr ansteckende und hochgefährliche Krankheit befiel ursprünglich nur afrikanische Warzenschweine, kam dann jedoch per Schiff nach Europa und breitet sich immer weiter aus. Für den Menschen ist sie nicht gefährlich, jedoch können sich auch Hausschweine damit anstecken und sterben.

Eine Wisentherde bietet einen beeindruckenden Anblick

Wisent

Der Wisent ist das größte und schwerste Landsäugetier Europas. Er ist verwandt mit dem Amerikanischen Bison und wird deshalb auch Europäischer Bison genannt. Wisente sind große Wildrinder mit dickem Fell und einer langen Mähne vor allem an der Kehle und dem vorderen Bereich der Brust. In Deutschland leben Wisente – bis auf eine Ausnahme – nur in Tierparks oder Wildgehegen. Lediglich im Rothaargebirge gibt es eine kleine frei lebende Herde der wilden Rinder, die dort 2013 gegründet wurde.

Wisente standen im letzten Jahrhundert unmittelbar vor dem Aussterben, da sie massiv bejagt wurden. Alle heute lebenden Wisente gehen auf nur zwölf Tiere zurück, die man seit den 1920er-Jahren gezielt in Gehegen vermehrte. Nur durch diese Nachzucht in menschlicher Obhut konnte die Art vor dem Aussterben gerettet werden. Heute gibt es wieder einige tausend Tiere in der freien Wildbahn Europas. Eine der größten Herden lebt in Nordost-Polen, im Urwald von Bialowieza.

Der Wisent – hier siehst Du ein Kalb – lebt in Deutschland frei nur im Rothaargebirge

Ganz schön schnell!

Wisente können ziemlich schnell galoppieren, bis zu 60 Kilometer pro Stunde. Das ist schneller, als Autos normalerweise in der Stadt fahren dürfen. Damit hättest Du keine Chance, vor ihnen wegzurennen. Deshalb sollte man den Tieren lieber nicht zu nahe kommen und sie nur aus sicherer Entfernung beobachten!

Ein Wisentbulle kann bis zu 850 Kilogramm schwer werden. Wisente bewohnen meist Mischwälder mit Freiflächen und ernähren sich von Gräsern, Kräutern, Laub, Zweigen, Baumrinde, Moosen und Flechten. Bis zu 50 Kilogramm davon nimmt ein einzelner Wisent pro Tag zu sich! Die Tiere leben in Gruppen von acht bis zwanzig Kühen, Kälbern und jüngeren Bullen. Es gibt auch reine Bullengruppen und ältere Bullen als Einzelgänger. Bis zu 25 Jahre werden die Tiere alt.

Erstmals seit der Ausrottung der Wisente in Deutschland ist im Herbst 2017 ein Wisent aus Polen über die Oder zu uns gekommen. Doch der junge Wisentbulle überlebte nicht einmal einen Tag in Deutschland, weil der Leiter des Ordnungsamtes der Stadt Lebus – wo der Wisent durch die Gegend streifte – anordnete, das Tier sicherheitshalber erschießen zu lassen.

Der Wisent, hier ein Bulle, ist eng mit dem Amerikanischen Bison verwandt

Ob der Wisent in Deutschland bald auch in anderen Regionen wieder heimisch wird?

Alpha und Omega

Vielleicht hast Du schon mal von Alpha- oder Omegawölfen gehört. Alpha ist der erste Buchstabe des griechischen Alphabets, Omega der letzte. Damit ist gemeint: Der Alpha-Wolf ist der ranghöchste, der Omegawolf der rangniedrigste. Eine solch strikte, durch Kämpfe festgelegte Rangordnung mit einem Anführer und unterdrückten Wölfen gibt es aber in der Natur nicht! Sie entsteht nur in Zoos und Wildparks, wenn viele Wölfe auf engem Raum ein Auskommen miteinander finden müssen. Im übertragenen Sinn nennt man Führungspersönlichkeiten beim Menschen auch „Alpha-Tiere" oder „Leitwölfe".

Der Wolf ist in Deutschland wieder heimisch geworden

Wolf

Der Vorfahre unserer Haushunde ist der Wolf. Über 150 Jahre lang war er in Deutschland ausgestorben, da er massiv durch die Menschen bejagt wurde. Er wurde als Konkurrent um Wild wie Reh und Rothirsch und als Feind von Schafen und Ziegen betrachtet und deshalb gnadenlos mit Gewehren, Gift und Fallen verfolgt. Seit dem Jahr 2000 kehren Wölfe von ganz allein wieder aus unseren Nachbarländern zurück, insbesondere aus Polen, wo sie nie komplett ausgestorben waren.

Wölfe leben in Familien zusammen, in sogenannten Rudeln. Ein Rudel besteht meist aus den Eltern und ihrem Nachwuchs, den Welpen und Jährlingen. Jedes Wolfsrudel braucht ein ziemlich großes Revier, um genügend Nahrung zu finden. Doch nicht überall auf der Welt sind die Reviere gleich groß. In Italien reichen 150 Quadratkilometer (so groß wie Augsburg), in der Arktis brauchen sie bis zu 1 000 Quadratkilometer (größer als Berlin). Hierzulande ist ein Revier im Schnitt 250 Quadratkilometer groß.

Wölfe machen aus gutem Grund vieles gemeinsam. Allein nämlich könnte ein Wolf sehr schlecht große Tiere wie einen Rothirsch oder gar einen Elch erlegen. Ältere Geschwister (Jährlinge) helfen deshalb ihren Eltern beim Jagen und beim Versorgen der Welpen mit Nahrung.

Um sich miteinander auch über weite Strecken zu verständigen, heulen Wölfe. Noch in zehn Kilometern Entfernung können Wölfe das Heulen von Artgenossen hören.

Durch ihr Geheul verständigen sich Wölfe über weite Entfernungen miteinander

Ein Wolfsrudel ist ganz ähnlich wie eine menschliche Familie aufgebaut. Es gibt die Elterntiere, also den männlichen Wolf, den man auch Rüden nennt, und die Wölfin oder Fähe. Sie sind die Oberhäupter der Familie und sorgen für Nachwuchs. Im Winter findet die Paarung statt und im April oder Mai werden zwischen vier und sechs Welpen geboren. Sie kommen blind und taub in einer Höhle auf die Welt, wo sie die ersten vier Wochen gemeinsam mit ihrer Mutter verbringen. Nach zehn Monaten sind die jungen Wölfe ausgewachsen und bleiben dann noch bis zu einem Jahr bei ihrer Familie, unter anderem, um beim Aufziehen der Welpen des nächsten Jahrgangs zu helfen.

Die Welpen brauchen nicht einmal ein Jahr, um ausgewachsen zu sein

Wölfe sind Fleischfresser und ernähren sich vor allem von Rehen, Rotwild, Damwild oder Wildschweinen. Rund vier Kilogramm Fleisch benötigt ein Wolf am Tag. Jedoch kann er innerhalb von 24 Stunden auch über zwölf Kilogramm Fleisch verzehren und dann mehrere Tage lang nichts fressen.

Wenn der Wolf auf ungeschützte Haustiere oder Nutztiere des Menschen trifft, verschmäht er auch diese nicht. Vor allem Schafe und Ziegen, gelegentlich junge Kälber oder Fohlen können von ihm gerissen werden. Um das zu verhindern, müssen Schäfer spezielle Elektrozäune errichten oder Herdenschutzhunde halten, die ständig bei den Tieren leben und diese gegen Eindringlinge verteidigen. Sie werden speziell ausgebildet, und schon als Welpe machen sie Bekanntschaft mit den Tieren, die sie später einmal beschützen sollen.

Viele Menschen fürchten sich vor Wölfen – dabei sind sie bei uns in Deutschland nicht unbedingt gefährlicher als andere Wildtiere auch.

Wölfe leben in Rudeln

Draußen unterwegs: Wildtiere beobachten

Ob vor der eigenen Haustür im Garten, im Stadtpark oder in einem Nationalpark: Wildtiere bleiben wild. Und daher sollte sich jeder vor seiner Expedition ins Tierreich mit einigen Regeln vertraut machen. Rücksicht und Respekt sind das oberste Gebot. Die ausgeschilderten Wanderwege sollten nicht verlassen werden, denn Tiere haben sich an Menschen auf den Wegen gewöhnt. Treffen sie abseits davon auf Personen, erschrecken sie und flüchten oft viel früher. Keinesfalls solltest Du direkt auf Wildtiere zulaufen, sondern stehen bleiben oder Dich hinsetzen und die Beobachtung genießen. Mithilfe eines Fernglases lassen sich die Tiere auch aus größerer Distanz beobachten.

Nationalparks in Österreich und der Schweiz

Natürlich haben auch Österreich und die Schweiz wunderbare Nationalparks mit vielen Wildtieren zu bieten. In Österreich kannst Du Hohe Tauern, Kalkalpen, Thayatal, Gesäuse, Neusiedler See-Seewinkel und Donau-Auen erkunden, in der Schweiz den Schweizerischen Nationalpark.

Sei dabei stets geduldig! Und bedenke, dass Du nur ein Gast in ihrer Welt bist. Mach ruhige Bewegungen, fuchtle nicht mit den Händen herum und rufe auch nicht nach den Tieren, wenn Du sie entdeckst. Stehe so, dass der Wind von den Tieren, die Du beobachtest, zu Dir weht, nicht umgekehrt. Sonst nehmen die Tiere schnell Deine Witterung auf und verschwinden.

Hunde gehören an die Leine! In manchen Regionen ist das Mitführen von Hunden sogar grundsätzlich verboten. Besondere Vorsicht ist geboten, wenn Du mit Hunden in einer Wolfs-Region unterwegs bist, da Wölfe Deinen besten Freund als feindlichen Eindringling wahrnehmen können.

Keinesfalls solltest Du wilde Tiere füttern oder streicheln. Das kann schnell gefährlich werden. Immer Abstand halten! Vor allem bei Jungtieren weiß man nie genau, wo gerade die Mutter ist, die Menschen womöglich als Bedrohung wahrnimmt und deshalb angreift.

Nationalparks wie hier Berchtesgaden bieten kleinen und großen Tieren Rückzugsräume

Natürlich musst Du beim Beobachten von Tieren in Nationalparks Regeln beachten und Rücksicht nehmen

Einmal einen Luchs in freier Natur zu sehen, ist ein unvergleichliches Erlebnis. In Wildgehegen wie im Bayerischen Wald gelingt das leichter.

Fotofalle

Du willst wissen, welche Tiere nachts durch Euren Garten streifen? Ob vielleicht sogar Fuchs oder Reh zu Besuch kommen? Mit Wildkameras kannst Du das herausfinden. Das sind robuste, wetterfeste Kameras zum automatischen Fotografieren. Sobald sich ein Tier in den Erfassungsbereich hineinbewegt, aktiviert der Bewegungsmelder die Aufnahmefunktion. Die Wildkamera schießt dann Bilder oder nimmt Videos auf.

Wer all diese Regeln beachtet, braucht natürlich immer noch eine Menge Glück, schließlich ist die freie Wildbahn kein Zoo. Trotzdem gibt es Orte in Deutschland, an denen es wahrscheinlicher ist als an anderen, große Tiere wie Hirsch, Steinbock oder Kegelrobbe zu entdecken.

Ein besonders Naturerlebnis ist natürlich ein Streifzug durch einen der sechzehn Nationalparks in Deutschland. 1970 wurde mit dem „Bayerischen Wald" der erste Nationalpark in Deutschland eingerichtet. Es folgten Gründungen in Nord- und Ostsee, dem Harz, der Eifel oder in Berchtesgaden. Jeder Nationalpark ist anders und je nach Lebensraum kannst Du unterschiedliche Tiere beobachten.

Rothirsche sind mit etwas Geduld und Glück gut zu beobachten

Manchmal, wie etwa im Bayerischen Wald, gibt es auch weitläufige Tiergehege, in denen Du Luchse oder Wölfe in ihrer natürlichen Umgebung beobachten kannst. Ein besonders Erlebnis ist es, zur Brunftzeit der Hirsche im Nationalpark Vorpommersche Boddenlandschaft unterwegs zu sein. Im Herbst ist hier der Rothirsch auf Brautschau. Sein Röhren schallt kilometerweit durch den Park und die Tiere sind etwas weniger scheu. Mit Glück kannst Du hier die Tiere sogar in einer Dünenlandschaft beobachten.

Katzenfreunde sollten im Nationalpark Hainich vorbeischauen. Im Wildkatzendorf Hütschenroda sind die scheuen Jäger in der Schauanlage „Wildkatzenlichtung" live zu sehen – und mit viel Glück auch bei einer Ranger-Exkursion oder bei einer Tour entlang des „Wildkatzenpfades".

Doch auch jenseits der Nationalparks hast Du viele Möglichkeiten, in der Natur Wildtiere zu beobachten. An Nord- und Ostsee gibt es spezielle Schiffstouren zur Kegelrobben- oder Seehunde-Safari, etwa auf Rügen. Auf Helgoland werden zudem geführte Wandertouren in die „Robben-

Jungtiere von Wolf (links) und Wildkatze (rechts) wirst Du am ehesten in Wildgehegen zu Gesicht bekommen

Wilde Pferde galoppieren durch die Döberitzer Heide

Dünen“ angeboten. Außerdem gibt es entlang der deutschen Küsten einige Seehundstationen, die verlassene Heuler oder erkrankte Tiere aufnehmen und pflegen – und deren Türen für Besucher offen stehen.

Auch wenn sich die Lausitz stolz „Wolfsregion“ nennt, ist es selbst hier nicht einfach, einen frei lebenden Wolf wirklich zu Gesicht zu bekommen. Dennoch sind die Exkursionen ins Wolfsgebiet ein spannendes Erlebnis, und mit etwas Glück findest Du zumindest Spuren wie Fährten oder Kot.

In der Schorfheide im Norden von Berlin gibt es dagegen ein Wolfsinformationszentrum. Dort wird gezeigt, wie der Wolf in Wirklichkeit ist – und wie wir möglichst friedlich mit ihm zusammenleben können. Außerdem entstand dort eine deutschlandweit einmalige Schauanlage zum Herdenschutz. Hier kannst Du nicht nur Schafen beim Fressen, sondern auch den Herdenschutzhunden bei der Arbeit zuschauen.

An Deutschlands Meeresküsten kannst Du Robben beobachten

Nicht weit davon, östlich von Berlin, reiben sich Wisente an alten Eichen und Rotwild zieht durch lichte Wälder. Sogar wilde Pferde galoppieren über offene Heideflächen. In Sielmanns Naturlandschaft Döberitzer Heide kannst Du diese großen Säugetiere sehen. Der ehemalige Truppenübungsplatz ist eingezäunt und die Tiere dort sind damit nur „halb wild“.

Eine ganze Murmeltierkolonie hat sich in der Nähe des Arthurhauses in den Berchtesgadener Alpen niedergelassen. Die Tiere sind die Anwesenheit von Menschen gewöhnt und lassen sich entlang eines Murmeltierwegs beobachten, der sogar mit Kinderwagen befahrbar ist.

Doch es muss nicht immer gleich eine richtige „Safari“ sein. Wildtiere können Dir auf Deinem Schulweg oder beim Sonntagsspaziergang durch den Stadtwald begegnen. Besonders groß sind die Chancen in den Dämmerungszeiten am Morgen und am Abend. Einfach Ausschau halten und mit offenen Augen unterwegs sein!

Ein Fernglas leistet immer gute Dienste

Immer in Gegenrichtung!

Ganz wichtig: Wenn Du eine Trittspur verfolgst, gehe immer in die Richtung, aus der das Tier gekommen ist – denn wenn Du die Spur in Laufrichtung gehst, kann es sein, dass Du das Tier am Ende aufscheuchst oder überraschst.

Schalenwild/Paarhufer

Viel größer als bei Hirsch und Reh

Mindestens so groß wie die Hand eines Erwachsenen

Draußen unterwegs: kleine Spurenkunde

Viel häufiger als die Tiere selber wirst Du ihre Spuren finden. Dazu gehören Trittspuren, auch Fährten genannt, Kratzspuren, Wühlspuren, Urinspuren, Kot, Nist- oder Rastplätze, Fraßspuren ...

Fährten findest Du häufig auf sandigem und feuchtem Boden oder im Schnee, wo sich die Füße der Tiere eindrücken. Jede Tierart hat einen charakteristischen Fuß- bzw. Pfotenabdruck. Wenn Du geübt bist, kannst Du sogar erkennen, in welcher Gangart das Tier gelaufen ist, ob es langsam oder schnell war.

Spuren haltbar machen

Wenn Du die Fährte eines Tieres haltbar machen möchtest, benötigst Du nur Gipspulver, Wasser und etwas Geduld. Rühre den Gips mit Wasser an und gieße ihn vorsichtig über die Spur. Je nach Temperatur musst Du 30 bis 90 Minuten warten, dann kannst Du den getrockneten Gipsabdruck mit nach Hause nehmen.

***Vier** kleine Vorderballen, ein Hinterballen*

***Fünf** kleine Vorderballen, ein Hinterballen*

Luchs

Wolf

Waschbär

Wildschwein, Reh, Gams, Rot- und Damhirsch gehören zum Schalenwild bzw. den Paarhufern. Als Schalen bezeichnet man ihre zwei Fußballen. Je nach Größe der Schalenabdrücke kannst Du erkennen, welche Art dort gelaufen ist.

Katzen- und Hundeartige wie Wildkatze, Luchs, Wolf und Fuchs haben typische Pfotenabdrücke – ähnlich wie Du sie von Hunden kennst, mit vier kleinen Vorderballen und einem Hinterballen. Bei Katzen drücken sich die Krallen nicht mit als Spur ab, denn damit sie immer schön scharf bleiben – Katzen brauchen das zum Klettern –, lassen sie die Krallen normalerweise eingezogen. Wenn es sich dagegen um einen Wolf oder Hund handelt, sind die Krallen meistens in der Fährte erkennbar. Fischotter, Dachs, Waschbär und Marder haben fünf kleine Vorderballen und einen großen Hinterballen.

Auch anhand der Form und des Geruchs des Kotes kannst Du erkennen, welches Tier hier „auf die Toilette gegangen" ist – und sogar, was das Tier gefressen hat. Alle Hirschartigen wie Reh und Damhirsch hinterlassen bohnenförmige Kügelchen. Im Kot von Wölfen findet man Reste von Knochen und Haaren. Und wenn der Kot noch sehr frisch ist, können Wissenschaftler die DNA daraus extrahieren, also genetische Informationen, die etwas über die Verwandtschaftsbeziehung des Tieres verraten.

Großes Wildtier-Quiz

Du weißt jetzt sehr viel über große heimische Wildtiere, ja, Du bist ein richtiger Experte auf diesem Gebiet geworden! Wenn Du Lust hast, kannst Du einmal ausprobieren, was Du Dir alles gemerkt hast. Kreuze bei jeder Frage eine Antwort mit dem Bleistift an und schau am Schluss auf Seite 64 nach, ob Du richtig getippt hast. Und nun viel Spaß!

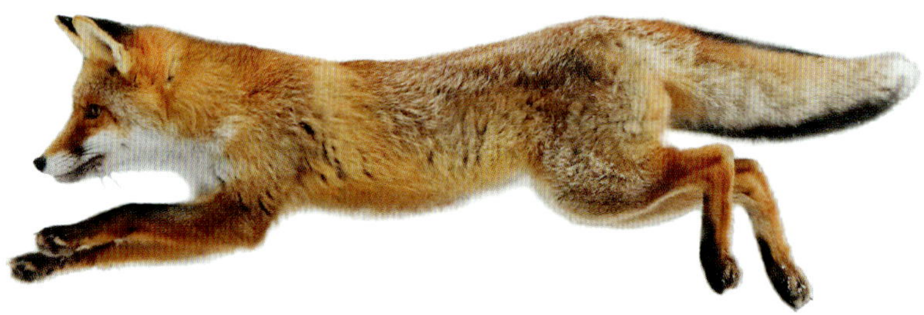

1. Wie wird der Luchs auch genannt?

a) Federnase ❍
b) Pinselohr ❍
c) Lockenschopf ❍

2. Warum heulen Wölfe?

a) Weil sie traurig sind ❍
b) Weil sie den Vollmond toll finden ❍
c) Um sich miteinander zu verständigen ❍

3. Mit wem teilt der Dachs oft seinen Bau?

a) Fuchs ❍
b) Kaninchen ❍
c) Fischotter ❍

4. An welcher Krankheit starben viele Füchse?

a) Grippe ❍
b) Heuschnupfen ❍
c) Tollwut ❍

5. Wo kannst Du Wisente in freier Wildbahn in Deutschland beobachten?

a) Rothaargebirge ❍
b) Alpen ❍
c) Am Bodensee ❍

6. Wie nennt man die „Badewannen“ von Wildschweinen?

a) Suhle ❍
b) Sauwanne ❍
c) Schweineloch ❍

7. Wie heißen die Hörner einer Gams?

a) Krucken ❍
b) Geweihe ❍
c) Schnecken ❍

8. Was ist das Wappentier der Hutmacher?

a) Luchs ❍
b) Bär ❍
c) Biber ❍

9. Auf welchem Kontinent kam der Waschbär ursprünglich vor?

a) Amerika ❍
b) Australien ❍
c) Afrika ❍

10. Welches Pferd kam früher in Europa vor, wurde aber vom Menschen ausgerottet?

a) Einhorn ❍
b) Tarpan ❍
c) Zebra ❍

11. Warum pfeifen Murmeltiere?

a) Um ihre Artgenossen vor Gefahr zu warnen .... ❍
b) Um einen Partner zur Familiengründung zu finden .... ❍
c) Weil ihnen langweilig ist .... ❍

12. Wo entstand 1970 der erste Nationalpark in Deutschland?

a) Nordsee .... ❍
b) Schwarzwald .... ❍
c) Bayerischer Wald .... ❍

13. Wie werden junge Seehunde genannt?

a) Hündchen .... ❍
b) Seewelpe... ❍
c) Heuler... ❍

14. Auf welchen Namen wurde der erste Bär getauft, der wieder nach Deutschland einwanderte?

a) Bert .... ❍
b) Bruno.. ❍
c) Benjamin .... ❍

15. Wie heißt die Speckschicht, mit der sich Kegelrobben gegen die Kälte schützen?

a) Fetti .... ❍
b) Blubber .... ❍
c) Specki .... ❍

16. Wie lange können Fischotter tauchen?

a) acht Sekunden .... ❍
b) acht Minuten .... ❍
c) acht Stunden .... ❍

17. Welches Raubtier hält eine Winterruhe?

a) Fuchs .... ❍
b) Braunbär.. ❍
c) Kegelrobbe .... ❍

18. In welchem Land ist das Mufflon auf Geldmünzen abgebildet?

a) Zypern .... ❍
b) Deutschland .... ❍
c) Italien .... ❍

19. Wie wird der Bau eines Bibers noch genannt?

a) Biberburg... ❍
b) Biberstall... ❍
c) Biberhütte.. ❍

20. Wie viele verschiedene Säugetier-Arten gibt es auf der Erde?

a) mehr als sechshundert .... ❍
b) mehr als tausend................................. ❍
c) mehr als sechstausend......................... ❍

Lösungen zum Wildtier-Quiz:

1. b) Aufgrund der langen Haare an seinen Ohren wird der Luchs auch Pinselohr genannt.
2 c) Wölfe heulen, um sich miteinander zu verständigen.
3. a) Dachse teilen ihren Bau häufig mit Füchsen.
4. c) Die Tollwut war für den Tod vieler Füchse verantwortlich, gilt aber mittlerweile als in Deutschland ausgerottet.
5. a) Im Rothaargebirge gibt es seit 2013 eine frei lebende Wisentherde.
6. a) Suhlen sind Löcher, in denen Wildschweine Schlammbäder nehmen.
7. a) Die Hörner einer Gams werden auch als Krucken bezeichnet und von Weibchen wie Männchen getragen.
8. c) Der Biber ist das Wappentier der Hutmacher, weil Biberpelz häufig für Hüte verwendet wurde.
9. a) Der Waschbär kommt ursprünglich aus Amerika.
10. b) Der Tarpan kam früher in Europa vor, wurde aber vom Menschen in den 1870er-Jahren ausgerottet.
11. a) Murmeltiere pfeifen, um ihre Artgenossen vor Gefahr zu warnen.
12. c) Der Bayerische Wald gilt als erster Nationalpark Deutschlands und wurde 1970 ins Leben gerufen.
13. c) Junge Seehunde bezeichnet man auch als Heuler.
14. b) Bruno war 2006 der erste Bär in Deutschland seit vielen Jahren.
15. b) Blubber heißt die Speckschicht, mit der sich Kegelrobben gegen die Kälte schützen.
16. b) Fischotter können acht Minuten lang die Luft anhalten und tauchen.
17. b) Der Braunbär hält eine Winterruhe.
18. a) In Zypern zahlt man mit Mufflon. Zumindest sind die Tiere dort auf einigen Geldmünzen abgebildet.
19. a) Eine Biberfamilie lebt in einer Biberburg.
20. c) Mehr als sechstausend verschiedene Säugetier-Arten leben auf der Erde.

Entdecke die Reihe mit der Eule!

Entdecke die Eulen

Entdecke die Greifvögel

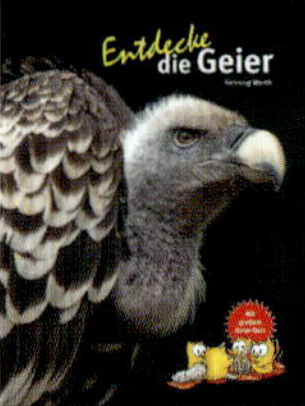

Entdecke die Geier

Entdecke die Rabenvögel

Entdecke die Spechte

Entdecke die Finken

Entdecke die Spatzen

Entdecke die Eisvögel

Entdecke die Zugvögel

Entdecke die Singvögel

Entdecke die Meisen

Entdecke die Kraniche

Entdecke die Störche

Entdecke Schwäne, Gänse & Enten

Entdecke die Möwen

Entdecke die Pinguine

Entdecke die Papageien

Entdecke die Kolibris

Entdecke die Fledermäuse

Entdecke die Hunde

Entdecke die Kühe

Entdecke die Pferde

Entdecke die Esel

Entdecke die Nagetiere

Entdecke die Igel

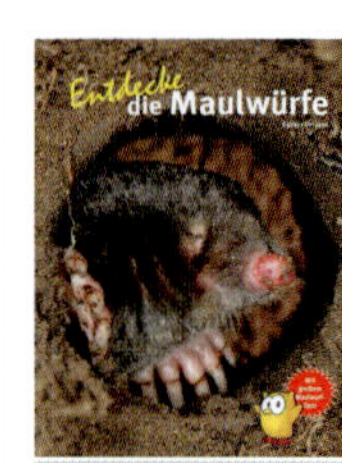

Entdecke die Maulwürfe

Entdecke die Waschbären

Entdecke die Biber

Entdecke die Otter

Entdecke heimische Wildtiere

Entdecke die Wölfe

Entdecke die Bären

Entdecke die Tiger

Entdecke die Menschenaffen

Entdecke Affen und Lemuren

Entdecke die Pandas

Entdecke die Elefanten

Entdecke die Nashörner

Entdecke die Erdmännchen

Entdecke die Beuteltiere

Natur und Tier - Verlag GmbH
An der Kleimannbrücke 39/41 · 48157 Münster
Telefon: 0251 - 13339-0 · Fax: 0251 - 13339-33
E-Mail: verlag@ms-verlag.de · www.ms-verlag.de